言葉相

ことばそう

今までの人生は、今まで吐いてきた言葉でできていて・・
今からの人生は、今から吐く言葉でできていく・・

エクセルソウルホールディングス㈱ 代表取締役
千葉修司

現代書林

はじめに――人生は言葉から

この奇跡の本を手にしたあなたは、並の運の強さではない。

これからあなたが知るこの本に書かれている智慧は、すべて非科学であり、書かれていることが本当なのかどうなのかは、科学では現在も未来も証明はできないはずだ。

しかし、この本に書かれていることが「本当なのかどうなのか」を証明する方法がある。

それは・・

この本に書かれている内容を・・

「あなた」が行うこと、「実行」することだ。

もしあなたがこの本に書かれていることを実行し、それなりの成果が「上がらなかった」とすれば、この本は・・正真正銘の「サギ本」である。

しかしこの本に書かれているとおり、お金もかからず、学歴やコネ、実力や才能まで必要のないこの智慧を素直に実践し、大きな成果が得られるとすれば、この本に書かれていることは事実であり、この本はあなたの人生にとって最も安価で、**最も忘れられない「奇跡の書」**となるだろう。

私には、この本を読まれ、素直に実行なされた方々が**信じられないほど人生を好転させる自信がある。**

なぜならば、人生を大きく好転させる方法は、手に職を持つことや、有名な大学に行くことでもなく、一流企業に就職することでもなく、3高（高身長、高収入、高学歴）の恋人を持つことでも決してない。

人生を大きく好転させる方法・・
それは、驚くほど簡単な方法だ。

「言葉の相《そう》」を変えるのだ。
なりたい自分、送りたい人生となる「言葉の相」を、今から吐くのだ。

言葉の相、言葉相《ことばそう》とは、私のつくった造語である。世の中には人相、手相という類の占いがあり、その占いから多くの人間が自分はどのような人間で、将来どうなるのかというようなことを知りたがっている。

しかし、私から言わせて頂くと、顔の形やホクロ、シワより、そして手にあるシワの長さや短さより、その人が日々何気なく口にしている言葉の相、つまり言葉を聞いている方が、その人と、その人の未来が透けて見えるのだ。

「ああ・・この人は将来大成するな・・」とか、

「しないな・・」とか。


「ああ・・この人は病気になるな・・」とか、

「ならないな・・」とか。


「ああ・・この人のこの言葉の相では、お金とは一生縁が持てないだろうな・・」とか、

「持てるだろうな・・」とか。


その理由は、言葉は「心の現れ」「心そのもの」だからだ。

人の過去や今や未来は、その人の心が築いていく。

そしてその心というものは、顔のシワやホクロや手のシワの長さや短さではなく、言葉、

「言葉の相」として出てくるのだ。

言葉は「しゃべる」とか、「語る」とかで表現されるが、この本の中では「吐く」と表現をさせて頂きたい。

「しゃべる」とか「語る」と表現するより、「吐く」という表現の方が「迫力」もあるし、私たちは呼吸を意識せず吐いているように、言葉も「ほぼ無意識に吐いている」からだ。


人生を大きく好転させる方法に「瞑想」がある。「瞑想」では「呼吸」がとても重要であり、その「呼吸」でも「吸う」より、「吐く」ことが重要なことはご存知だろうか。

実はこの言葉、この日々何気なく「吐く言葉」こそ・・人生を決めてしまうものなのだ。

よく聞いてほしい・・
そして認めてほしい・・

「今までの人生は・・今まで吐いてきた言葉でできていて・・」

「これからの人生は・・今から吐く言葉でできていく・・」

だから、今から吐く言葉を変えれば、人生は大きく変わるのだ。
人相や手相は変えられないが、**「言葉の相」は「今」すぐ変えられる**のだ。

さてあなたは今までどおり無意識に吐く「言葉」に支配され、望まない人生を送るのか。
それとも意識的に「言葉」を変え、望む人生を手に入れるのか。
まず本書を読む前に決めて頂きたい。

実は物事の結果とは、すべて「最初」で決まるのだ。
あなたがこの本で人生を大きく変えるのか、それとも変えることができないのかは
すべて「最初」で決まっている。

今までどおり無意識に吐く「言葉」に支配され、望まない人生を送るのか、
それとも、意識的に言葉を使い、望む人生を手に入れるのか。

今・・
決めて頂きたい。
「魔法使い」は「魔法」を使い、自由自在に様々なものを手に入れる。
実は私たちは**「言葉使い」**なのだ。

皆さんご存知のハリー・ポッターも最初は魔法が使えなかった。しかしハリーは魔法の使い方が学べる学校に行き、魔法を使えるようになり、多くの人を救ったのだ。
多くの人は最初ハリーが魔法を使えなかったように「言葉の使い方」を知らないのだ。

言葉を使って思いどおりの人生を送るより、破壊的に言葉を使い、人生を台無しにしている人間が大半である。

言葉には想像以上の**「力」**がある。

そして・・

言葉は想像以上に**「毒」**にもなる。

この本にはそのことについて命一杯書かせて頂いた。

どうか、「言葉」という「魔法」を使って、自由自在に、様々なものを手に入れようではないか。

そして、できれば魔法の使い方を知り、多くの人たちを救ったハリーのように、読者が多くの人たちを救う「言葉使い」となって頂きたいと私は思っている。

本文を読んで頂く前に最初にお伝えしたいことがある。それは、この手の言葉の本を読み、日々吐く言葉を変えることができなかった、またそのようなことは「難しい」と思っている人はいないだろうかということだ。

もしそのように今まで似たような本を読み、言葉を変えることができなかったとしたならば、それはその本の中で**「言葉の威力」や「言葉の怖さ、恐ろしさ」を十分に伝えることができなかった**からなのだろう。

この本では徹底的に言葉の「威力と怖さ、恐ろしさ」を知って頂く。そのことから、先程もお話をさせて頂いたが、多くの人が行動を起こし、大きく人生を好転させる自信を私は持っている。

そしてそれでも「困難だ」と思う人のために、本書の最後には普通はご法度であるが、この本を切り取り、日々読者の人生を好転させる「言葉の相」を日めくりとして紹介している。

これをトイレにでも貼り、小さな声でもよいので日々読んでみてほしい。

31日、12か月・・

必ず、あなたの人生は好転していくはずだ。

だから、この本に大いに期待し、安心して最後まで読んで頂きたい。

言葉を自由自在に使うことができる万物の霊長……人間

そのすべての人たちに捧ぐ——

言葉相　目次

第Ⅰ部

言葉相　基本編

言葉の力を知る!!

第Ⅱ部

言葉相 活用編

あなたは言葉を使って
自由自在となる!!

第 I 部

言葉相
基本編

言葉の力を知る!!

◆自由自在な人生を得た魔法——運と潜在意識

最初に私が何者なのかを書かせて頂きたい。そうでなければ、この後の話を信用してもらえるのかどうか、大きな違いが出てくるだろう。

私は昭和39年、北海道の旭川に生まれた。

小学校高学年までは普通の人生だったが、弟が急に難病となり、母は弟の世話に付きっきりとなって、私は父と家にいることになる。

残念ながら父は、難病の弟と弟を献身的に看病している母の気持ちとは裏腹に、日々悪い友達と賭けマージャンを行うようになった。そしてとうとう父は覚せい剤にまで手を染めた。父は当時、地元のバス会社に勤める運転手だった。父が逮捕され、新聞やテレビに大きく報道をされた時には、私の人生は「終わった」と思った。私は父が日々賭けマージヤンや覚せい剤を行っていることを母に言うことはできなかった。その理由は、母は弟のことだけで一杯一杯だったからだ。

これ以上母の心労を深くすることはできなかった。そんな時、私は父がいつか逮捕され、そのことが大きく報道され、学校に行けず、近所すら歩けなくなることを想像していた。

眠れない日々が続いた。その時、私にはある習慣がついた。それは寝る前、両手を組み、神様に祈るという習慣だった。

「神様・・僕を・・幸せにしてください・・」
「神様・・僕は・・幸せになりたい・・」

祈る内容こそ違うが、私はいまだにその習慣がしみついていて、寝る前には感謝の念や祈りを捧げて寝ている。父は逮捕され、私は先程話したとおり、学校にも行けず、近所も歩けない状態となり、母の実家に逃げ込んだ。

ほとぼりが冷めたころ、学校に行ったが、先生をはじめ、恐らく皆が気を使ってくれたのだろう。父のことを口にする人間は一人もいなかった。

そんな私が30歳の時、ある転機が訪れた。独立のチャンスだ。私は札幌に6店舗のお店を経営する羽目になる。

業績はすこぶる順調。全国展開のフランチャイズの店だったが、私の会社は常に全国トップの業績を残した。

しかし、どんなに業績が良くても経営とは恐怖との戦いであり、またしても私は不安な夜を過ごすことになってしまった。

その時、その恐怖、不安から解放される二つの方法を見つけることができた。一つは寝ている子どもを抱きしめること。わが子をじっと抱きしめていると不思議と恐怖心は薄れていった。そしてもう一つが本屋に行くことだった。

当時の私の不安解消法

①寝ている子どもを抱きしめる。
②本屋に行く。

本屋には必ず私の悩みを解決してくれる本があった。また、気持ちを軽くしてくれるものもたくさんあった。

そのたくさん読ませて頂いた本の一冊、というか、その本の一行に私の人生は大きく好転させられることになる。

その言葉が・・

「実力より運をつけろ!!」だった。

まさしく私はこの短い「言葉」に救われた。人生が大きく好転したのだ。

「なっ、なんだ・・実力より運をつけろ・・!?」
「運とはなんだ・・!?」
「俺は・・今まで実力で成果を出してきた・・その実力ではなく・・運・・!?」

私はそれから、運が良くなることを教えてくれるというメンターに会いまくり、運が良くなるという本を読みまくり、そして運が良くなるというセミナーに出まくった。

はっきり言おう。

「人生の98%は『運』である」

これはあの秋元康氏も言っている。
視聴率100%男の異名を持つ萩本欽一氏は運についてこう言っている。

「人生は丸ごと運である」

またH.I.S.会長の澤田秀雄氏は運について**「人生の90%以上は運に左右されている」**

と言っている。

私は様々な運を良くする方法を学んだ。

実は今回この本を書かせて頂く決意をしたのは、運は「日々吐く言葉の相」で大きく左右されるからだ。そしてもう一つ、私のような凡人でも奇跡のような成果を残すのには、潜在意識というものを活性化させなければいけない。その潜在意識を活性化させるのに最も有効なのが、実は「言葉」だったのだ。

ここで潜在意識についての私の解釈を述べさせて頂く。多くの本を読み、たくさんのメンターから話を聞き、学び、気付き、実感していることがある。それは、潜在意識とはとても大きな力を持ち、とてつもない成果をもたらせるということだ。

よく言われる潜在意識の話はこうだ。私たちが常に使っている顕在意識は氷山で例えると見える部分であり、潜在意識は海に沈んで見ることができない部分。その大きさは見える顕在意識とは比べることができないという話である（次ページ図）。

しかしこの潜在意識の話には続きがある。

潜在意識の見えないところは、実は様々な人間の潜在意識とつながっているということだ。ソフトバンクの孫正義氏、楽天の三木谷浩史氏、マイクロソフトのビル・ゲイツ氏や亡くなったマイケル・ジャクソン氏の潜在意識にもつながっているという。

だから、自分の中の潜在意識を使えば向かうところ敵なし、不可能は「無い!!」ということになる。その理由は、孫正義氏の潜在意識とつながり、マイケル・ジャクソン氏の潜在意識とつながっているとしたならば、我々はそれなりの経営力やエンターテイメント性を持ち、それを発揮できるということだからだ。

私は運が良くなることを会社の仕組みに取り入れ、そして潜在意識を蹴飛ばす言葉を従業員と共に吐くことにより、経営をさせて頂いていた会社は年商3億、5億、7億、12億

顕在意識と潜在意識の関係

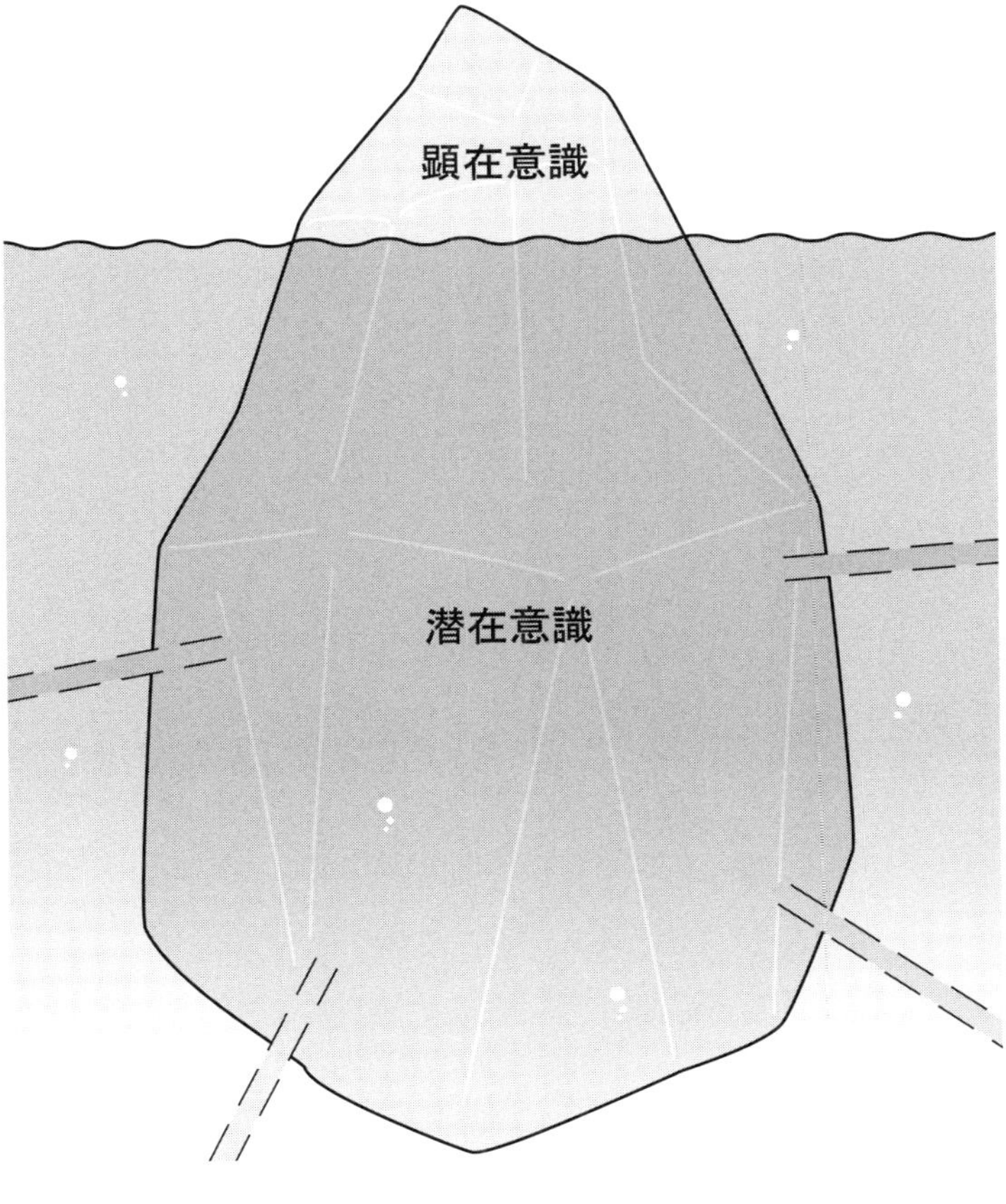

潜在意識は様々な人間とつながっている。

と業績を伸ばしていった。

社員旅行はパートを含め、毎年ハワイにまで行けるような会社にもなった。

私はその会社を人に任せ、その後、東京で依頼されて起業し、初年度より年商15億円の売り上げを達成することができた。

その後、その会社を親会社に吸収させ、私は平成22年の10月、札幌でコンサルティングの会社を設立した。

この会社も前年対比２００％、３００％超えの業績を今、出している。さらに平成26年の2月から始めた別会社は初年度から億を超える売り上げを見込んでいる。

ちなみに家庭は長男、次男、長女の３人で、「うちぐらい家族の仲が良い家庭はないだろう」と自負できるぐらいの家庭を築くこともできている。

私がこのような業績や家庭を持てたのは、実力や才能ではまったくなく、**「運」**と**「潜**

在意識」のみなのである。

何度も繰り返すが、「運」も「潜在意識」も、「言葉」「言葉の相」と密接な関係がある。これから書かせて頂くことを理解して頂き、実践して頂ければ、読者は必ず私と同じか、それ以上の業績や家庭を築くことができる。

私は声を大にして言いたい。

人生をより好転させたいのであれば・・・

「実力より運をつけよう!!」

「ない才能を伸ばすより、必ず持っている潜在意識を蹴飛ばそう!!」

潜在意識はよく「潜在意識を活性化させる」という表現が使われるが、ぐっすり眠っている潜在意識を「活性化させる」という程度では潜在意識は動かない。

潜在意識は「蹴飛ばす」のだ。

◆言葉で「事《こと》」と「場《ば》」が変わる

私のことを少し説明させてもらった。さて、あなたはあなたが吐く「言葉」で、起こる「事」（出来事）が変わることを知っているだろうか。

例えば、あなたが何かの責任者となり、「やってみます」という人間と、「やります」という人間がいたとしたならば、どちらにその「事」を任せるだろうか。

それが重要な案件ならばなおさらのこと。そして実際にどちらが任せた「事」に対して「成果を上げる」ことができると思うだろうか。当然「やってみます」ではなく、「やります」と吐いた方に決まっている。

また、言葉で「場」の雰囲気も変わる。職場で誰かがミスをした時、素直に「すみません」と言う人間と、「わたしなりに頑張りました」というような言い訳交じりの言葉を吐く人間では、その場の雰囲気、空気、つまり「場」は大きく変わる。「やってみます」というような中途半端な言葉を吐き続ける人間と、「やります」、もっと進化をした人間ならば「やらせて下さい」という言葉を吐く人間では、役職にしても、職場にしても同じ「場」にいることはないのだ。

言葉で、出来事（事）と、身を置く「環境」（場）は変わる。だから言葉は「事場《ことば》」なのだ。「良い言葉」は、良い「事」と良い「場」を引き寄せ、「悪い言葉」は悪い「事」と悪い「場」を起こしていく。

◆言葉とは心の癖・考え方の癖

言葉とは、「心の癖」「考え方の癖」である。例えば「諦め癖」のある人間は、その「諦め癖」が言葉になって出てくるものだ。ここで重要なことは「癖」ということ。「癖」というものは「治せる」のだ。

あえて「直せる」を「治せる」と書いたのは、この「心の癖」は、私から言わせて頂くと一種の「病」だと思っている。要は、「心の病気」。病気もちゃんとすれば治るのだ。問題は当の本人に**「治す気」があるのかどうか**だ。

また、その病気の自覚が自分にあるのかないのかによって、「言葉の癖」「心の癖」が治せるのかどうなのかが決まってくる。

さらに、この病の厄介なところは**「うつる」**ということだ。実はこの心の病気は**「伝染病」**なのだ。

だから人生を破滅させる言葉を吐く人間は、他の人間の人生をも破滅に導く可能性があり、逆に人生を好転させる言葉を吐く人間は、破滅寸前の人間の人生を大きく好転させる可能性も持っている。

小さく言葉を吐く人間たちが集まり、小さいことを話せば、彼らの世界は、さらに小さくなり、大きな言葉を吐く人間たちが集まり、大きいことを話せば、彼らの世界は、さらに大きい世界となる。

さて、あなたは人々の人生を好転させる言葉を使い、人々を幸せに導く「言葉使い」になるのか、はたまた人々の人生を破滅に導く「言葉使い」となるのだろうか。魔法使いの話にも「良い魔法使い」と「悪い魔法使い」が登場するのとまったく同じなのだ。

◆心と言葉はどちらが先でどちらが後か

まず皆さんに言葉に対して「大きく価値観を変えてほしい」ことがある。それは私たちが言葉に対して大きな勘違いをしているということだ。

「言葉」というものは、最初に「心」が思い、その「心」で思ったことが「口から出る」と多くの人は思っているはずだ。それは事実である。

しかし、これでは魔法をうまく使えない魔法使いで終わってしまう。言葉という魔法を単にコミュニケーションの道具として使っているだけで、人生を好転させる「魔法」に言葉を使うことはできないのだ。

◆吐いた言葉が「心」となる

言葉を使って何でも手に入れることができる「言葉使い」となるため、大切なことを理解してもらわなくてならない。そのために私の体験を一つお話させて頂こう。

私は20歳から30歳まで営業の仕事に就いていた。

20代前半の当時、日本中で問題になった豊田商事事件を皆さんはご存知だろうか。架空の金取引でたくさんの損失を多くの人たちに与えた事件である。この事件では当時の最高責任者がマスコミ取材のさなか、「殺傷される」という大事件にまで発展した。

　この会社の営業マンは主に年配者を狙い、架空の金取引をしていた。この会社の人間は家にあげてもらうとすぐに仏壇の前に座り、しばらくその仏壇の前で手を合わせていた。その姿に年配者は心を打たれ、架空の金の契約を行ったという。

　私はこの話を聞き、すぐさま自分の営業に取り入れた。仏壇の前で手を合わせるのはこの会社の人間と同じとなるので逆効果。だから私は年配者のお客様の場合にはこのような話をしたのだ。

「私は・・母を・・幸せにしたいのです」

「ですから・・日々懸命に働き・・業績を上げ・・母を喜ばせたいですし・・幸せにしたいのです」

　実はこのころ、私は母のことは好きではなかった。「うるさいな」「いなけりゃいいのに」

という、少し遅い反抗期だったのだ。

しかし先程のセリフは信じられないほどお客様の信頼を得て、扱っていた商品は飛ぶように売れたのだ。要は、私は「嘘」をついていたのだ。

味をしめた私は次の家、次の家と同じセリフをオウムのように繰り返し、営業成績は常にトップだった。

◆人生最大なる言葉相への気付き

私は来る日も来る日も凝りもせず、幸せにしたくもない母のことをお客様の前では、「母を幸せにしたい」「母を幸せにするために・・」と営業成績を上げるための「偽りの言葉」を吐いていた。

しかし、そんなある日、私は自分の心境の変化に気付いたのだ。なんとあまり好きではなかった母、別に「幸せにしたい」とも思っていなかった母、その母を**「幸せにしたい・・」と思っていた**のだ。

言葉と心の関係

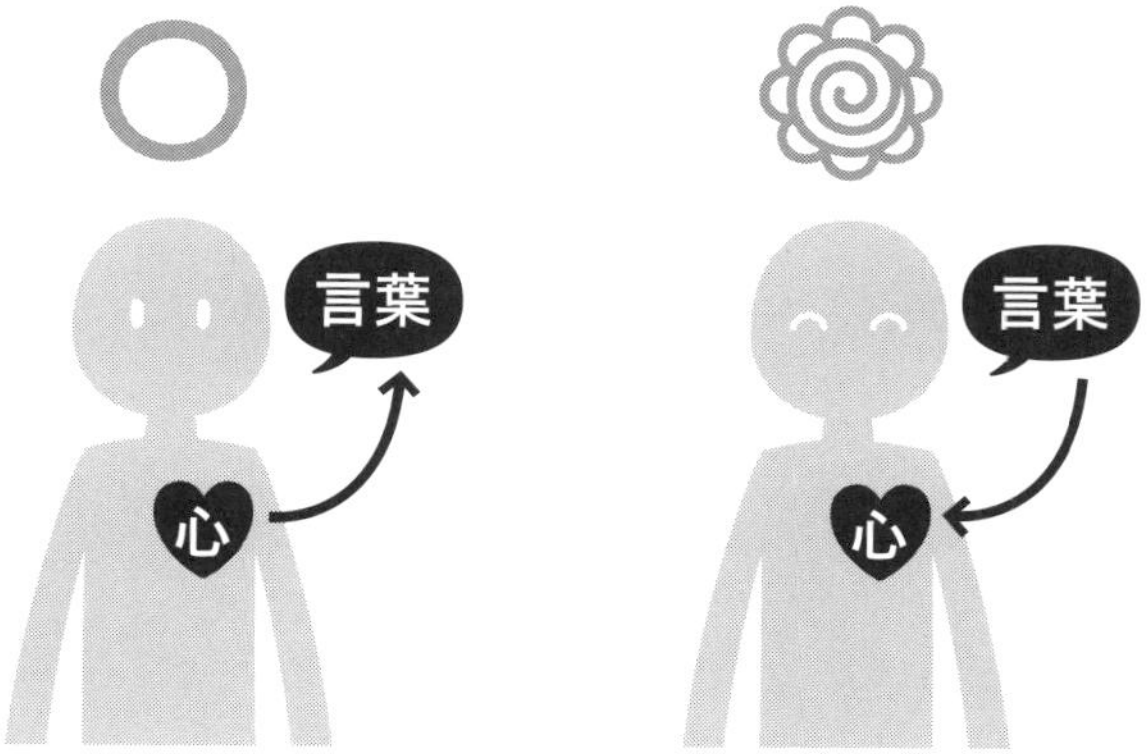

「言葉」が先で、「心」は後からついてくる。

この時、私は気付いた。実は「言葉」が「先」で、「心」は「後からついてくる」ということを。

それまでは言葉で何度母のことを繰り返し、「幸せにしたい」と吐いたとしても、心が「そのようになる」とは思ってはいなかった。

それまでの私は「言葉」とは単に自分の「心」が言葉として出てくるだけで、まさか**続けて吐いていた「言葉」が「心を築く」「願望を築く」とは思っていなかったのだ。**

◆嘘も方便・嘘から出た実《まこと》

「嘘も100回言うと本当になる」という言葉を聞いたことがあるだろうか。また、「嘘も方便」とあるが、自分が理想とする未来を決め、今はそう思っていなくても「方便の嘘」を繰り返すと、どうやら人間はその**方便の嘘を「本気で叶えたくなる」**ようなのだ。

例えば、親のことが好きではない人間が成功したり幸せになれるはずはない。「親が嫌い」という人間は、大体が自分自身を好きではない。その理由は「親は自分」だからだ。親無くして自分の存在はなかったからなのだ。当然「自分が好きではない人間」が、成功したり幸せになるなどあり得ないことである。

本当に自分の幸せや成功を望むのであれば、「親が嫌い」と正直に言わず、**嘘でもいいから、「親を幸せにしたい」と吐いてみる**ことだ。そのうち私のように本当に親を「幸せにしたい」と思うはずだ。このことは決して親子関係だけではなく様々なことに「活用」ができるのだ。

◆なりたい嘘を吐《つ》く

例えば「お金持ちになりたい」のであれば、**「稼ぐ自信」がなくても「年収1億稼げる人間になる」**と言えばよい。そのうち**「何となく」だった心は「その気」となり、「その気」が「やる気」となり、「やる気」が「本気」となっていく。**

しかし、ここで注意してほしいことがある。後でも説明をするが、「中途半端な言葉」では「何の魔法もかからない」ということ。

「年収1億稼げる人間になる」と「年収1億稼げる人間になりたい」ではまったく違うのだ。「年収1億稼げる人間になる」と「年収1億稼げる人間になるよう頑張ります」では、魔法のかかり方はまったく違う。いや、後者では魔法はまったくかからないのだ。

ミイラ取りがミイラになる言葉の法則

本気になれば目標は成就する。
自分を本気にさせるのに
最も適しているのが「言葉」である。

◆言葉で魔法がかけられない人間がいるのはなぜか

言葉で魔法がかけられる人間と言葉で魔法がかけられない人間。その差、その違いは、我々が持つ、潜在意識と深い関係がある。

私たちの人生は、顕在意識ではない潜在意識によって支配をされている。大きく人生を変えることができる人間とそうではない人間の差は、**「潜在意識を支配している人間」なのか、はたまた「潜在意識に支配されている人間」なのかの違い**なのだ。

実はこの**潜在意識を支配するのに一番「持って来い」のものが、この「言葉」**なのだ。

先程も述べたが、潜在意識は普段深い眠りについている。その深い眠りについている潜在意識を起こすのは並ではない。正直、目覚まし時計ぐらいではぐっすり寝ている潜在意識を起こすことはできないのだ。冷たい水を頭からバケツ一杯ぶっかけて、思い切り蹴飛ばすぐらいでなければ潜在意識を起こすことはできない。

要するに、ぐっすり寝ている潜在意識を飛び起こすコツは次のとおりである。

①中途半端な言葉では絶対に起きない。
（例えば、「やります!!」ではなく、「やりたいと思います!!」）
②潜在意識はできるだけ大きな言葉（目標）を吐かなくては、飛び起きない。
③その大きな言葉をできるだけ多くの人間に言い続ける。

言葉で魔法がかからない人間は、常に言葉が中途半端で、吐く言葉がセコイ、そして起こしたい未来やなりたい自分をはっきり多くの人間に吐かないのだ。このように**なりたい自分、叶えたい未来をはっきりと多くの人間に「吐かない」ことから、多くの人間の夢は「儚い夢」となる**のだろう。

くどいようだが言わせて頂く。

「夢を吐かない」から「儚い（はかない）夢」となるのだ。

言葉の魔法がかからない理由

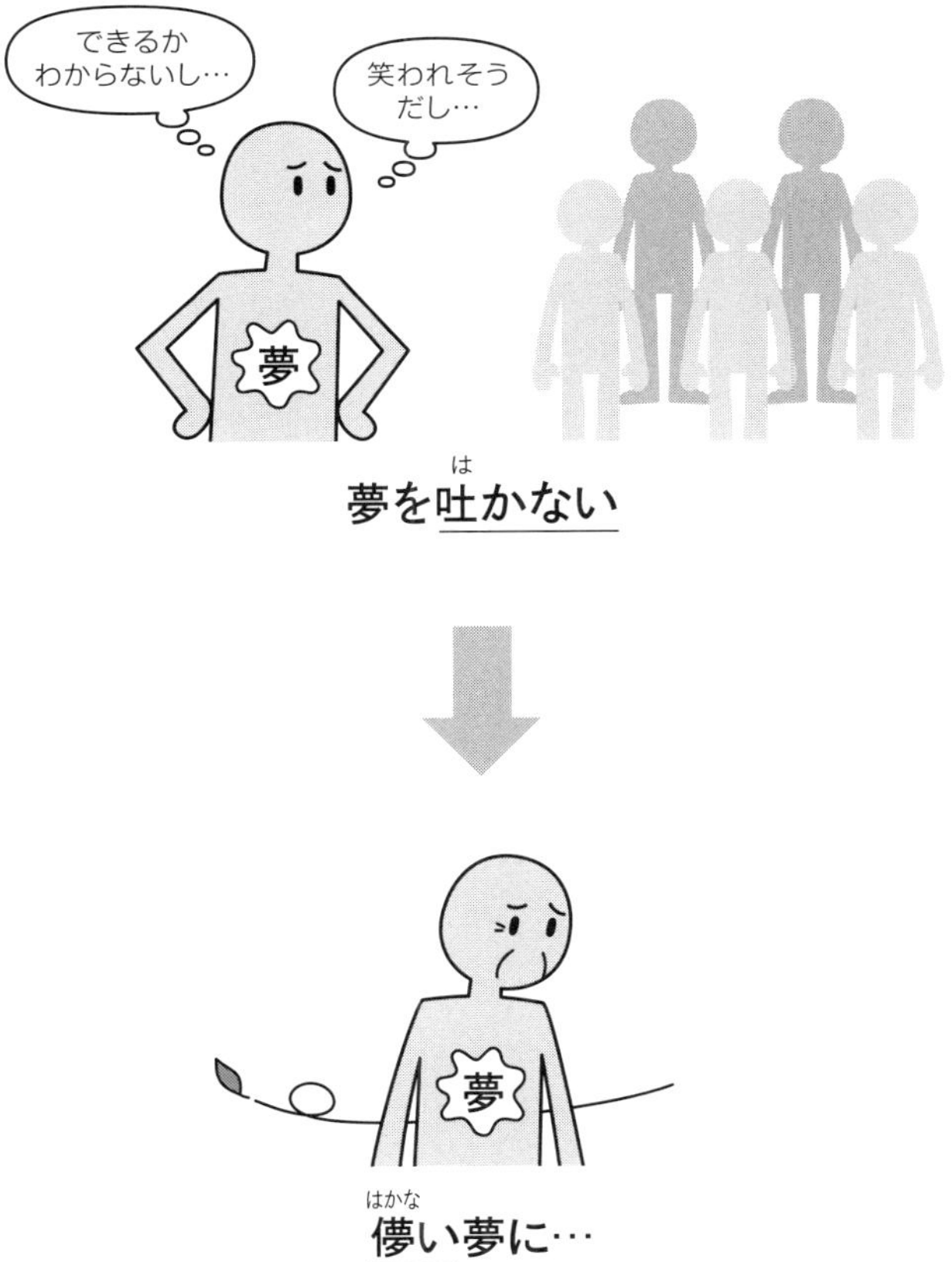
できるか
わからないし…
笑われそう
だし…
夢
夢を吐《は》かない
夢
儚《はかな》い夢に…

叶えたい未来をはっきりと多くの人間に「吐かない」ことから、
多くの人間の夢は「儚い夢」となる。

◆言葉使いの本田圭佑選手

サッカー日本代表の本田圭佑選手のことは皆さんもご存知だろう。

私はワールドカップブラジル大会の日本代表とコロンビア代表の試合を朝5時から見ていた。その試合の放送の途中に入るCMのほとんどには日本代表の選手が出ていた。中でも群を抜いて出演していたのは本田選手だ。

実は私は本田選手が出ていたあるCMを見て気付いた。

「やはり本田選手がここまで来れたのは・・言葉だったのだ・・」

そのCMの一部をご紹介しよう。そのCMでは本田選手がある小学校に出向き、子どもたちにある話をしていた。本田選手は子どもたちにこう話した。

「まず・・自分の夢を書いてみて・・」

「じゃ・・それを・・発表できる人!!」

子どもたちは下を向いていた。なんと子どものころから夢を吐くことに対してワクワク感より恐怖感を持っているのだ。

「できなかったらどうしよう」「言って笑われたらどうしよう」

このような意識が子どもたちの心にあったのはほぼ間違いない。そこに本田選手がこう言い放った。

「僕は・・その夢を・・言い続けてきました」

そうだ、大きな夢を持つ、それを何かに書く、そしてその夢を言い続ける。

これこそ私たちの潜在意識を蹴飛ばす方法であり、言葉に魔法がかかる方法なのだ。

できなくたっていい。なりたい未来を想像し、書き、口に出し続けることだ。バカにされてもいい。もっと言うと、バカにされなければ魔法はかからない。

まず望む未来を想像し、書き、そして口に出し続け、バカにされる。これが人生を大好転させる「黄金の法則」なのだ。

超簡単な夢の実現法

ドでかい夢を持つ!!

↓

それを書く!!

↓

それを叶うまで言い続ける!!

↓

バカにされ始める!!

↓

潜在意識が目覚め始める!!

↓

夢実現へ!!

バカにされなければ夢実現の魔法はかからない。

最近、この本田選手の小学校時代に書いた作文が話題になっている。自分の未来をはっきり断言しているこの作文は、イタリアの新聞でも取り上げられたようだ。本田選手以外にも、イチロー選手や石川遼選手の作文も有名である。ここに掲載することはできないが、ネットなどにはたくさん紹介してあるので、ぜひ読んで頂きたい。

彼らの作文は本当に様々なところで公開されている。ただし、「あっ、知ってる」「何度か見たことがある」などと、冷めたことを考えている人間は、作文の存在は知っているが、実はこの作文の威力、力、真理を全く知ってはいない。

真にこの作文の威力、力、真理を知る人間は、この作文を真似るはずだ。**自分の望む輝く未来を「決め」、それを何かに「書き」、「言い続ける」はずなのだ。**

彼らには確かに才能があり、そのスポーツに適した身体的能力も持っていたはずだ。しかし小学校の時、この作文を書かず、書いたとしても口にしていなければ、彼らの今の活躍はあったのだろうか。

はっきり言える。

2000%彼らの今の活躍はなかっただろう。

そのことをこの本の読者には、私は心の底から知ってもらいたいのだ。

◆3人の天才アスリートに魔法がかかった理由

実は私はこの3人の天才アスリートたちの小学校のころの作文を再度読み返し、ある事に気付いたのだ。彼らに魔法がかかった理由があるのだ。

それは、**自分の夢を叶えて「誰かを幸せにしたい」と思っていること**だ。

イチロー選手は作文の最後でこう書き記している。

「お世話になった人に招待状を配って応援してもらうのが夢」

石川遼選手はこう記している。

「世界一強くて、世界一好かれる選手になりたい」

本田圭佑選手はこうだ。

「世界一になったら、大金持ちになって親孝行をする」

実は彼らが今まで頑張ってこられたのは、「ここ」なのかもしれない。

「誰かを喜ばせたい・・」
「誰かに喜ばれたい・・」

「潜在意識」や「魂」はどうやら、「自分のため」と言うよりも、「誰かのために」という方が頑張れるようだ。

例えが正しいのかどうなのかわからないが、第二次世界大戦中に自らの命を投げ打って大海原で散華なされた若き特攻隊員たちは、自分のためならばその命を投げ打つことはなかったはずだ。故郷の母や父、愛する祖国のために彼らは最も大切な命を捧げたのだ。

夢の実現に魔法をかけるには、その夢が叶った時に、**誰かや、何か、そして祖国が喜ぶという着地点が大切なのかもしれない。**

◆魔法がかかる言葉相と魔法がかからない言葉相

ここで魔法がかかる言葉の定義を再度説明させて頂く。メモのご用意を。

潜在意識を蹴飛ばし、潜在意識を目覚めさせる言葉とは、**人に言って「笑われる」とか、「バカにされる」くらいの大きなもの**でなくてはならない。ちょっと頑張ればできるような目標や夢では、潜在意識は「それぐらいのものであれば、あなたでできますよ」とまた目を閉じ、グーグーと寝てしまう。

またもう一つ**潜在意識を蹴飛ばし、目覚めさせる言葉とは、「言い切る」。「○○できたらよいと思っています」とか、「○○できるよう頑張ります」では、潜在意識は、「どうせあんた本気じゃないんでしょ」「付き合ってられないよ」と、また目を閉じてしまう**のだ。

あなたが吐く言葉が「普通の人間が吐く言葉」くらいであれば、あなたの人生は200％「普通」になるのは当たり前である。

しかし多くの人間は今話をさせて頂いた「魔法がかかる言葉」、人にバカにされるぐらいの「大きな夢」や「大きな目標」を持ち、吐くこと、そしてその言葉を「言い切ること」に腰が引ける。

その理由は「できなければ格好が悪い」とか、「できなければ、どうしよう」という、世間一般の人間たちが持つ「情けない価値観」をお持ちだからなのだろう。

ここで私は声を大にして言いたい。

「できなくてもいいじゃないか‼」

大きな夢や目標を口にして誰かや何かに迷惑がかかるようであればそれは問題だが、大きな夢や目標を口にすることで誰かや何かに迷惑がかかることはまずないはずだ。

逆に人の目ばかりを気にしすぎ、人生を台無しにして本当に良いのだろうか。その「気になる人間たち」は果たして自分の将来の何を守ってくれるのだろうか。何より、**そんな人間たちの目を気にし続け、自分の「無限の可能性」や自分が持つ「奇跡の魔法（言葉の魔法）」を一度も使うことなくこの世を去ることは本望なのだろうか。**

自分を信じ、自分の人生を信じ、望む人生をイメージし、その人生を何かに書き、多くの人に吐き続け、**大いにバカにされようではないか。**

私は常に世間が引くようなことばかり口にしている。それに不快感を持つ人間もいるようなのだが、私にはそんな人間をかまっている時間はないのだ。

その理由は、人生というものは想像以上に、「あっと言う間」に終わりを迎えるように思えるからだ。考えてみてほしい。今までの人生はどうだっただろうか。

「あっ」と言う間ではなかっただろうか。

ということは、これからの人生も必ず**「あっ」と言う間なのだ。**常に人の顔色ばかりを見ている人たちを見ていると、私はついこう思う。

「人生は・・あっという間・・なのに・・」と。

◆ドリームキラーに気を付けろ

あなたが自分の潜在意識を目覚ませようと決意し、心にもない大きな目標や夢を吐き続けていると、あなたのその気を削ぐような言葉を吐く人間たちが周りに必ず現れ始める。

そのような人間たちを「ドリームキラー」と言うそうだ。人の夢を潰す人、人の夢を殺す人という人間たちだ。

実はこの「ドリームキラー」と言われる人間たちは、本人にとって結構身近な人間が多く、その身近な人間から浴びせられる夢を潰す言葉に傷つき、その言葉を吐き続けることをやめる人間も少なくはない。

その身近な人間たちとは、恋人であったり、親友であったり、親であったり。ではなぜ私たちの挑戦や夢を潰すのが最も愛すべき身近な人間たちなのだろうか。

それはその人間たちこそあなたのことを**愛している人たち、心配してくれている人たちだから**なのだ。

◆最強のドリームキラー・母から頂いた言葉相

先程も話したが、私は30歳の時、6店舗のフランチャイズの店を札幌で開業した。当時、金のなかった私は、母の住んでいる家を担保に入れて金を借り、その6店舗で開業をしたのだ。

当時、母に、家を担保に入れ、お金を借りるという話を頼むとすかさず言った。母は故郷の旭川で小さな居酒屋を経営していた。独立する息子の不安を、来る客、来る客に相談をしていた。その結果、母はこのような言葉を私に吐いた。

「お客さんに聞いたのだけれど・・こんな不景気な時期に独立なんてしないほうがいいと・・みんな言っているよ・・」

そして私は母に言った。

「母さん・・。母さんのお店に来る人は大半がサラリーマンや公務員さんだよね。その人たちは独立なんて危険と考えているから、独立をしないでサラリーマンや公務員さんをしているんだよ。その人たちに子どもが独立するのだけどどう思いますかなんて聞いても、やめた方がいいと言うに決まっているじゃないか・・」

さて、私の母はなぜ私に独立を諦めさせる言葉を吐いたのだろうか。その答えは簡単だ。**私を愛しているからだ。私を心配してくれているからだ。**そして私はこう考えている。神様が母に乗り移り、「私の覚悟、決意を試したのだ」と。

◆ドリームキラー撃退の言葉相

実は自分の覚悟が中途な間は、このドリームキラー軍団は次から次へと襲いかかってくる。しかし**一つ覚悟が決まれば、このドリームキラー軍団は「パタッ」と現れなくなる。**

要するにドリームキラーたちの登場は「すべては私たちの意識」なのだ。いや、「意識そのもの」なのだ。

怯えている人間が闇夜で柳が幽霊に見えるのと同じように、存在しない幽霊に怯えるのは愚かなこと。**ドリームキラーはまさしく覚悟の決まっていない弱い本人がつくり出したゴーストなのだ。**

ドリームキラーは様々なセリフで、覚悟が中途な人間の「本気度」を確かめに来る。「本気なの!!」「本当にできるの!!」「失敗したらどうするの!!」と。

しかし、大きな夢や目標をあなたが口にすることで迷惑がかかる人間はいないはずだ。

こういう時にははっきり言うことだ。

「あなたに、何か関係でもあるのですか」

「この夢は私の夢です」

「この夢ができないと、あなたに何か迷惑でもかかりますか」

「これは私の夢であり、目標です」

「放っておいてくれませんか」

これぐらいの気構えを持つことだ。

◆夢と目標の正しい立て方

日本人の多くは「目標」や「夢」を「できるか・できないか」「やるのか・やらないのか」「やれるのか・やれないのか」という価値観で考え、立てる。

しかし「夢」や「目標」とは、「できるか・できないか」「やるか・やらないか」「やれるのか・やれないのか」で立てるものではない。この立て方はあくまでも「計画」の立て方であり、「ノルマ」の立て方なのだ。

人生の「目標」や「夢」はこう立てるのだ。

「これができたら・・うれしいな」「・・楽しいな」「・・幸せだな」と。

ちなみに、私の夢や目標のこれができたら「うれしいなぁ」「楽しいなぁ」「幸せだなぁ」の一部は次のとおり。

夢と目標の正しい立て方

計画・ノルマの立て方と、夢・目標の立て方は違う。

「年商100億の会社を100社育てたいなぁ」
「養子を100人育てさせて頂きたいなぁ」
「月収2億を稼がせて頂きたいなぁ」

これはあくまでも一部なのだが、これができれば、私はうれしいし、楽しいし、幸せである。

ただし、これができるかどうかなどはわからない。そんなことはどうでもよいのだ。私は、これができればうれしいし、楽しいし、幸せなのだ。夢はこうやって持つものなのである。

◆心と言葉はどちらが先に諦めるか

人にバカにされるほどの大きな夢や目標、志を吐き続けると潜在意識がムクムクと起き始める。ちょうどこんな感じだ。

「そんな大きな目標を持ったら・・俺（潜在意識）が手伝ってやらないといけないじゃないか・・」

それと同時に大きな言葉を吐いた人間の本気度を試す出来事や、その人間の吐く夢の実現に茶々を入れてくるドリームキラーが現れ始める。当然、大きな夢や目標を言葉にして吐くことさえしなければ、その人間の本気度を確かめる試練やドリームキラーなどは現れるはずはない。

実はこの試練やドリームキラーが現れた時こそ、まさしく「潜在意識が目を覚まし始めた時」なのだ。

しかし多くの人間はここで怯み、その言葉を口に出さなくなってしまう。この時、一番大切な事。それは**「心が諦めても・・言葉は諦めてはいけない」**ということだ。

実は多くの人間は、最初に「心」が諦めて、続いて「言葉を吐かなくなる」と思っているが、**本当は「言葉」で諦めた時、要するに夢や目標を口に出さなくなった時や「諦めた!!」「やめた!!」と口に出した時、その時こそ、完璧に心が諦めてしまう**ことを多くの人たちは知らないのだ。

心で「だめかも・・」と思っても、「やります!!」と言っている間は、心（潜在意識）は諦めない。というか「諦められない」のだ。

しかし言葉で「前の目標は諦めました」とか、「もうやめます」とか、「諦めました」とか、「無理です」と口にした瞬間、吐いた瞬間、**心は完全に諦めてしまい、潜在意識は以前よりさらに深い眠りについてしまう**のだ。

夢を実現するコツ

「心が諦めても言葉は諦めるな!!」

どんなにバカにされようが、どんなに怒鳴られようが、「言葉」を吐くことを諦めてはいけない。

「あの人・・まだあんなこと言っているよ」とか、「バカじゃない・・」とか、「いい加減できないことを言うのはやめなさい」とか、「言ったからにはやりなさいよ」とか、「嘘つき」と言われようが、叶えたい夢、目標、志を吐き続け、潜在意識を目覚めさせ、「言葉使い」になることだ。そして言葉を使って思いどおりの人生、自由自在な人生を手に入れるのだ。

◆大きな事を成す人は嘘吐《うそつ》きではなく夢吐《ゆめつ》きだ

大きな夢や目標を口にするのは決して「嘘吐《うそつ》き」ではなく、「夢吐《ゆめつ》き」だ。夢や目標は、できるだけ大きな夢や目標、志を吐く。

政治家になるのであれば、日本の「総理大臣」。と言いたいところだが、政治家で一番はやはり「アメリカの大統領」だ。「日本人がアメリカの大統領になれるはずがない」という「普通の思考」や「普通の言葉」を吐くのはやめようではないか。

本当に日本人がアメリカの大統領になることは無理なのだろうか。今のオバマ大統領は黒人初のアメリカ大統領である。アメリカで奴隷制度があった時代、誰が将来、アメリカに黒人の大統領が誕生すると想像できただろうか。

ただし「自分は普通の人生でいい」という人は別だ。普通の言葉、皆が吐く言葉を吐いていればいい。その人間は2000%普通の人間、普通の人生を歩むだろう。

女優や俳優を目指すのであれば、「日本アカデミー賞」ではなく、本場アメリカの「アカデミー賞」を目指すことだ。

バンドで頂点を目指すのであれば、B'z（ビーズ）と言いたいところだが、やはりバンドならば、ビートルズかローリングストーンズを目指すことだ。

先程お話したイチロー選手、石川遼選手、本田圭佑選手の目標の高さ、志の大きさを思い出してみてほしい。

話は変わるが、歌手のアンジェラ・アキさんのことがヤフーニュースで紹介されていた。彼女は今、日本での活動を無期限に停止し、アメリカの音楽大学で学んでいるようだ。その理由は、あのグラミー賞を本気で狙っているからだという。

彼女は、２０１０年9月21日放送の日本テレビ系『ＮＥＷＳ ＺＥＲＯ』の番組内で取り上げられた際、アメリカのグラミー賞を狙うことを明言していたそうだ。

「夢吐《ゆめつ》き」は「言葉使い」へと進化し、その「言葉の魔法」を使い、様々な奇跡を起こしていく。

第 II 部

言葉相 活用編

あなたは言葉を使って
自由自在となる!!

◆人生を好転させる言葉の相

世の中は吐いた言葉どおりの「事」が起こり、吐いた言葉どおりの「場」が築かれるということをご理解頂けただろうか。

それでは次に「人生を好転させる言葉」について話をさせて頂こう。

人間の悩みの90％は「人間関係」、そして「健康」、最後は「お金」からなる。

それではここで、この「3つの問題」を好転させる「言葉の相」と、悪化させる「言葉の相」についてお話をさせて頂こう。

◆言葉相と人間関係

人間関係で悩む一番は「相手を変えよう」とする考えだ。正直、人間は変わらない。本人が「変わろうとしない限り」は。だから「人を変える」ことを考えるならば、「自分を変える」ことを考えることだ。

では、自分の何を変えればいいのだろうか。ここまで来ると私の言いたいことは大半の読者は察しているはずだ。

「言葉の相」だ。

まず、「あの人を変えたい」とか、「あの人、変わらないかなぁ」などという言葉、思考を捨てる。そして人の「悪口」を吐かない。人の「悪口」を口にしないことだ。

もう一つは不確かな噂を吐かない。噂を流さない。そして噂を「一切信じない」ことだ。人の噂とは本当にでたらめでいい加減なものが多い。そのいい加減な噂を信じて人を嫌ったり、疑ったり、険悪な関係になることは決して少なくはないし、決して賢い行為、行動とは言えない。

ただし「あの人、あなたのことを褒めていたよ」とか、「あなたのことを感心していたわよ」という「褒めていた」というような類の噂（言葉）は信じることだ。

では、人間関係で悩まなくなる「言葉相」をご紹介しよう。読みながら、口に出してみてほしい。

人間関係改善の言葉相

1 「人は変わらない・・」
「人を変えようと思うより・・まず自分を変えよう」

2 「質の悪い噂話は・・2000%信じない」
「質の良い噂話は・・2000%信じよう」

◆言葉相と健康の関係

健康関係の「言葉相」でまず問題なのは、自分の不健康をまるで自慢話のようにする人間がいることだ。「この年になったら痛いところだらけだ」とか、「この年になったらどっかしら悪くなって当たり前」などである。

これは「事実」だ。人間は必ず「老化」をする。どんなに気を付けていても、どこかここかが具合が悪くなるのは当然だ。しかし事実をそのまま言う必要もない。事実をそのまま言うのは、まるで口の臭う人に「あなたの口が臭いますよ」と言っているようなもので、誰も喜ぶ人はいない。

この場合は「口の臭う本人」が「私は口が臭い」「私は口が臭う」と言って回っているようなものだ。果たして、これで誰が喜ぶのだろうか。誰が幸せになれるだろうか。

正直、人の具合の悪さを聞いて喜ぶ人間など誰もいない。唯一喜ぶ人間がいるとしたならば、それはその具合の悪さを口にしている本人だけだろう。

恐らく本人はその具合の悪さを口に出し、無意識に憂さ晴らしか同情をひいているのかもしれない。

しかし、それを続ければ、健康問題はさらに「悪化するだけ」なのだ。

まずは自分の具合の悪さを口にしないことだ。**健康問題は「覚悟」が大切**だ。人間は老化するとどっかしら具合が悪くなって「当たり前」という諦めと覚悟。このような諦めや覚悟のない人たちは病院に行き、「先生、治して下さい」と懇願する。結果、病院からは大量の薬をもらうことになり、その薬の副作用でさらに体調を崩す人間は少なくない。

正直に言う。老化は病気ではない。自然現象だ。冬を夏にすることはできない。老化を病気と錯覚し、「病院で治してもらおう」と考えることは、まるで病院で「冬を夏にしてもらおう」と思っているのと同じなのだ。**人間は病院に行くより「覚悟」をするほうが病気は治る。**

では、病気を治す「覚悟の言葉相」をご紹介しよう。できれば、言葉にして吐いてみてほしい。

健康関係改善の言葉相

「人間は必ず老化をする・・」
「老化は老化、病気ではない・・」
「老化を受け入れよう・・」
「人は必ず死ぬ・・しかも、死ぬのは・・この世のすべての人・・全員だ」
「当たり前の老化、死に対して・・いちいち右往左往はしない」

実はある医師に聞いた話がある。最も病気が治る薬は、患者の「覚悟」だそうだ。

何の「覚悟」なのか。それは、「死んでもいい」という「覚悟」だそうだ。「生きたい」「生かさせてほしい」と泣きついてくる人間こそ、病からの生還率が低いという。

そうだ!!
私たちは、いつか・・必ず死ぬのだ!!

◆口癖で自らの命を絶つようなこともある

過去に聞いた話だが、とある産婦人科の医師が子宮筋腫などで子宮を摘出なされた女性たちの口癖に共通点があることに気付いたという。

その口癖とは、「女は損だ」「女で生まれて来なければよかった」などだ。彼女たちは自分の子宮を摘出し、吐いた言葉どおり、女性の機能を失った。

また私の知り合いは様々な事で悩み、よく「死にたい」「死にたい」と口にしていた。

最初は単なる「愚痴だった」はずが、ミイラ取りがミイラになってしまった。その後、その人は自らの命を絶つ羽目になってしまったのだ。

繰り返し「死にたい」と口にし続けたことから、単なる「愚痴」が「本気」になってしまったのである。

◆言葉相とお金の関係

お金に関しての言葉相では、まずお金に悩む人間には共通して言えることがある。それは「欲がない」ということだ。

「欲しいものがない」「行きたいところがない」「食べたいものもない」「持ちたいものもない」

実はお金は「稼ぐ方法」より、「使い道」の方が大切であり、「どれだけ使い道があるのかどうなのか」が「お金を稼ぐことができるのかどうか」を決める。

お金の使い道がない人間が、お金を稼ぐはずはないのだ。

よりわかりやすく説明をしよう。札幌から東京へ何か「緊急な用事」がある人間は、必ず「飛行機」を使うだろう。これを「お金」で説明してみるとこうだ。
「急な用事」が「お金の使い道（お金を使う理由）」、「飛行機」は「お金」だ。緊急な用事がない人間が飛行機を必要としないのと同じように、お金の使い道、必要性のない人は「お金を稼ぐ必要」はないのだ。

◆お金を稼げない人間の言葉相

欲がない人たちの「言葉の相」は、やはり「欲」がない。
お金と縁がない人間の「言葉の相」はこうだ。

「お金なんていらない」
「上を見てもきりがない」

「足るを知る」

「お金じゃないのよ」

「儲からなくてもいい」


彼らはこのように様々な欲のない「言葉の相」を平気で吐く。

きっと彼らは「欲が良くないもの」「欲は悪」と、意識的なのか無意識的なのかわからないが思い込んでいる。私に言わせて頂くと、**「欲」がない人間こそが「悪」**なのだ。

この豊かな世界は「人の欲」によって築かれたものだ。飛行機も新幹線も携帯もＬＥＤも、数百円で美味しい牛丼を食べられるのも、夏は冷房、冬は暖房で心地良く生活ができるのも、**すべて誰かの持った「欲のおかげ」**なのだ。


考えてみると、**欲のない人たちは「なまけもの」なのではないだろうか。苦労がしたくない、失敗をしたくない、新しいことをしたくない人たちなのではないだろうか。**

このような「欲のない言葉の相」を吐く人間が金持ちになれる方法は「宝くじ」くらい

しかない。しかし宝くじに当たった人間の大半は、その大金を数年で使い果たし、宝くじに当たる前より生活が困窮したり、事件に遭遇したりと、「とても不運になっている」とも聞く。

それは当然のことだろう。根本が「苦労をしたくない」「失敗したくない」「新しいことをしたくない」、でも「お金は欲しい」という人たちなのだから。

「健康的な欲」をたくさん持つことだ。多くの人間に喜ばれることを行い、たくさん稼ぎ、さらにそのお金でたくさんの人に喜んでもらい、さらにたくさん稼ぐのだ。

私は全国で**「最高税率2000万のご恩返しの会」**という会を主催している。この国では年収が2000万程になると、納税が何だかんだで最高税率となるそうだ。

この会はたくさんの方々に喜んで頂き、たくさん稼ぎ、年間1000万近い納税を目指し、「祖国日本にご恩返しをしよう」という会であり、私はその会の人たちに常に以下のような「言葉相」も投げかけている。

「たくさん稼いで、将来は、祖国日本のため、年金を辞退しようではないか!!」

「祖国」というような「言葉相」を聞くと嫌悪感を持つ人間がこの国にはいるようだが、とても嘆かわしいことだ。

実はお金とは、真に「愛国心のある人間」に集まる。

「祖国を良くしたい」と本気で考えている人間、そのような言葉を吐いている人間には大きなお金が集まるのだ。

事実、ソフトバンクの孫正義氏やユニクロの柳井正氏などは深い愛国心を持たれている。

当然ホンダの創業者である本田宗一郎氏やパナソニックの創業者の松下幸之助氏も、同じように大きな愛国心があったはずだ。

私が大好きで大変お世話になり、多くのことを教えて頂いた日本一の投資家であり、誰もが子どものころにお世話になったお菓子、タマゴボーロをつくっている竹田製菓のオーナーでもあり、さらに本書の推薦と共に題字まで書いて頂いた故・竹田和平氏も、同じく大きな愛国心を持つ方だ。

「お金を稼ぎたい」のであれば、今一度自分の愛国心の深さ、大きさを確認してみてほしい。恐らく**金に困っている人間は「愛国心」が「低い」か、「ない」はず**なのだ。

実は「日本をより良くしたい」という「言葉相」「大欲」「志」こそが、大きな金を引き寄せるのだ。

◆幸せなお金持ちになれる言葉相

実はお金を稼ぐことはそんなに難しいことではないと私は思っている。

それより問題なのは、お金を稼ぎ、バランスを崩すことだ。

過去にテレビやマスコミを騒がせた成功者と言われる人たちも、その多くがバランスを崩し、悲惨な人生を歩んでいると聞く。

人生、いいや地球、いいや宇宙、いいや**すべては「バランス」**である。だから人はバランスを崩すと病気になったり、破産をしたり、倒産をしたり、家庭が崩壊したりと不幸へとつながることが多々ある。

そこで、ここではお金持ちになり、しかもお金持ちになってもバランスを崩さないで済む「言葉相」をご紹介したい。

まずは「生きているだけで私たちは幸せ」という最低限の「感謝の念を持つ言葉相」を吐くことだ。

しかし、これで終わるとお金とは縁のない人間になってしまう。要はバランスの悪い人間だ。この後の「言葉相」、思考、価値観こそが大切なのだ。

では、あなたがお金持ちになれる「言葉相」、そしてお金持ちになってもバランスを崩さない「言葉相」をご紹介しよう。ぜひ、口にしてみてほしい。

お金関係改善の言葉相

「生きているだけで丸儲け!!」
「でも欲は・・山より高く、海より深い・・」

◆人間関係・健康・お金以外の言葉相

「人間の悩みの90%は『人間関係・健康・お金』で構成されている」と言っても過言ではない。

人間関係で悩む時は、人間関係改善の言葉相。健康で悩みを持った時は、健康関係改善の言葉相。お金のことで悩む時は、お金関係改善の言葉相を思い出してほしい。そしてそれを口に出してみてほしい。

ぜひこの魔法、この言葉を使って「90%の悩み」を解決してみてほしい。

しかし、残りの10%の悩みは残念ながら解決することはできない。

残り10%の悩みとは「変えることができない悩み」である。

例えば「明日太陽を消したい」と悩んでも解決することはできるだろうか。残念ながら困難だ。

「大切なものを壊してしまった」

「大切なものを失った」

諦めなくてはならないものは諦めなくてはいけない。

また、「旦那の性格を変えたい」という類の悩みであれば、「旦那の性格を変える」ことは困難であり、「旦那の性格を変える」のではなく、「旦那自体」を変え、新しい旦那と取り換えることが得策だ。変えられない悩みは受け入れるしかないのだ。

10%の悩みを解決する言葉相

「変えることができる出来事は『変える努力』を行い、変えることができない出来事は『100%受け入れる』ことだ」

◆成功できる「語尾族《ゴビ》」と成功できない「語尾族《ゴビ》」

さて、あなたはどのような語尾を使う癖があるだろうか。「○○だからできない」という語尾の人間なのか、それとも「○○でもできる」という語尾を吐く人間なのか、はたまた「○○だからできる」という語尾を吐く人間なのか。

実は人それぞれの成果とは、その人間の実力や能力などより、その人それぞれが吐く**「最後の語尾」で大きく変わる。**

先程も紹介させて頂いたパナソニックの創始者、松下幸之助氏は成功をした理由を聞かれ、こう話したようだ。

「私は・・貧乏だったから成功ができました」

要は「お金がなかったから成功ができた」と言っている。そして「病弱だから成功ができました」。なぜ病弱で成功ができたのだろうか。そして最後は「学歴がないから成功ができました」と言っていたそうだ。

普通、この「貧乏」「病弱」「学歴がない」は、多くの人間たちの「3大できない理由」のはずだ。

多くの人が一歩を踏み出せない「3大理由」でもあり、失敗した時にもよく使われる「3

大言い訳言葉」でもある。

自分が「〇〇できない」のは、または「失敗をした」のは、「貧乏」だから、「病弱」だから、「学歴がない」からだと。

松下幸之助氏はこのようなことを言っていたそうだ。

「私は貧乏だから成功ができました」「貧乏がゆえにお金を無駄にできませんでした」「当然、物だって大切に扱いました」「それが世界の松下の基盤となりました」と。

また「私は病弱だから成功ができました」「病弱で会社になかなか出られないため、責任者によろしく頼む、よろしく頼むと信頼を置いていたら、皆が大きく成長をしてくれました」「私が中途半端に健康で、人に任せず自分がすべてにおいて物事を判断し、行っていたら、松下には今のような人材は育っていなかったと思います」

「そして学歴がないので、『これはどう思う』『これはどう思う』と周りの人間に意見を聞くことから、松下は多くの従業員から叡智を集めることができました」と。

さて、この話をどうお考えだろうか。確かにお金があって健康で学歴がある人間は成功しやすいのかもしれないが、別にお金や健康、学歴など「一切なくても成功はできる」ということがわかる。

ソフトバンクの孫正義氏も幼い時は国籍もなく、ゼロ番地に住んでいた。しかし東日本大震災時には、個人で１００億もの寄付を行ったことは皆さんも知ってのとおり。そして孫正義氏率いるソフトバンクは、今ではあのＮＴＴドコモを売り上げで超える企業にまで成長をした。

「〇〇だからできない」という語尾、言葉相が、「〇〇だからできない」という心をつくり、事実、現実を引き寄せる。要はその語尾が「できない『事』と『場』」をつくってしまうのだ。「言葉」が「事」と「場」をつくる。だから「〇〇だからできない」を「〇〇でもできる!!」という言葉相に進化させ、そして最後には「〇〇だからできる!!」と語尾を「奇跡が起こる言葉相」に変えるのだ。

成功できる語尾族とできない語尾族

人間が吐く語尾が、その人間の成功や未来を決めている。

語尾を聞けば、その人間の今の心と将来は透けて見える。

語尾を変えることだ。語尾の良い部族に入ることだ。「○○だからできない族」から「○○でもできる族」へ、そして「○○だからできる族」へ。

実はその人間が吐く語尾こそが、その人間の「成功」「不成功」を決めていたのだ。

実はその人間の吐く語尾こそが、その人間の「未来」を決めていたのだ。

◆凶運な「あげる族」と強運な「いただく族」

さてもう一つ語尾についてお話をさせて頂こう。実は語尾が「あげる」で終わる部族と「いただく」で終わる部族がいる。

片や「手伝ってあげた」「子育てしてあげている」「働いてあげている」という「語尾族、心的態度族」の「あげる族」。

そしてもう片方は「手伝わせて頂いた」「子育てさせて頂いている」「働かせて頂いている」という「語尾族、心的態度族」の「いただく族」だ。

「〇〇してあげた」という前者の「語尾族」は、何を行っても楽しくない、そして大きな成果も上げることはできない。その理由は「あげる族」はどんどん運が悪くなり、「いただく族」はどんどん運が良くなり、やることなすことうまくいくからだ。

冒頭でもお話させて頂いたとおり、人生の98％は「運」である。だから**運が悪い人間の人生はどうにもならない。やることなすことうまくいかない**のである。

語尾が「あげる族」は、常に「〇〇してあげる」「〇〇してあげている」と言葉を吐き、実は「運」も「あげてばかり」で運気が下がり、逆に「いただく族」は、「〇〇させていただく」「〇〇させていただいている」と言葉を吐き、運も「いただいてばかり」で運気が上がり続ける。

あなたはあなたの人生の98％を占める運をどんどん失う「あげた族」「あげる族」なのだろうか、それとも運をどんどん頂く「いただく族」「いただいた族」なのだろうか。

仮に運を失う「あげた族」「あげる族」であれば、今日から部族を変えることができる。それは「〇〇してあげる」「〇〇してあげた」から、「〇〇させていただいた」「〇〇させていただく」と言葉の語尾の相を変えればよいだけなのだ。

ここで少し気になったことをお話させて頂きたい。「わかっちゃいるけど・・」とか、「ついつい口から出ちゃうんだよね」とか、「それを変えるのが難しい」と考え、口にしている人はいないだろうか。

まずツベコベ考えず、ツベコベ言わず、素直に言葉の語尾を変えることだ。

「えっ!!　言葉!?」

「しかも・・言葉の語尾を変えるだけで!!」

「運が良くなり・・人生がどんどん好転していく!?」

「人生簡単じゃん!!」

こう考え、口にしさえすればよいことなのだ。

変わらない人間は常にツベコベ考え、ツベコベ言い、行動をしない。そのような人間のために次の項目を用意した。

あなたはツベコベの「左脳型人間」か!?、それとも奇跡を起こす「右脳型人間」か!?

◆奇跡を起こす「右脳型人間」と起こさない「左脳型人間」

人間は大きく分けると「右脳型人間」と「左脳型人間」に分かれる。

「右脳型人間」というのは奇跡的な能力を発揮することができるのだが、残念ながら「左脳型人間」は決して奇跡的な能力など発揮することはできず、奇跡的な成果なども出すことができない。

その理由は、右脳型人間には行動力があり、その行動も早い。そして何事も楽しく行う思考を持っている。

当然楽しみながら事を行うことから集中力も増し、本来の自分の実力も潜在意識も十分発揮することができるのだ。

だから右脳型人間は大きな成果が出る。

しかし左脳型人間はというと、行動より考えることが多く、その考えもどちらかというと後ろ向きな思考をしてしまう傾向がある。

まず行動ができない、行動をしても思考が後ろ向きなため、成果は当然出ないのだ。

「右脳型人間」の特徴は「奇跡を起こす言葉相」を持っていて、その言葉を使って実際に奇跡的な成果を起こしていく。

逆に「左脳型人間」は、残念ながら常にツベコベ考え、ツベコベぬかす言葉相を持ち、判断が遅く、せっかく時間をかけて判断をした結果はというと、そのほとんどが「ババ（はずれ）」というようなものばかり。

では、人生でも職場でも奇跡を起こす「右脳型人間」とは一体、どのような「言葉の相」を持っているのだろうか。その「言葉相」は次のとおり。

右脳型人間の言葉相

簡単!!
ちょろい!!
楽勝!!
うれしい!!
楽しい!!
幸せ!!
ラッキー!!
ツイてる!!（運が良い!!）
最高!!
感謝だね!!
すごい!!
うまい!!（美味しい!!）　など

郵便はがき

料金受取人払郵便

牛込局承認

1056

差出有効期間
令和7年12月
24日まで

162-8790

東京都新宿区原町3-61 桂ビル

株式会社 現代書林

『言葉相 ことばそう』

ご愛読者カード係 行

<table>
<tr><td rowspan="2">A</td><td rowspan="2">ふりがな
お名前</td><td>B</td><td>C</td></tr>
<tr><td>男・女</td><td>年齢 歳</td></tr>
<tr><td>D</td><td colspan="3">ご住所 (〒)
TEL ( )</td></tr>
<tr><td>E</td><td colspan="3">Eメール</td></tr>
<tr><td>F</td><td colspan="3">ご職業 1. 会社員 2. 学生 3. 公務員 4. 商工業自営
5. 農水産自営 6. 会社役員 7. 教職員 8. 自由業
9. サービス業 10. 主婦 11. その他( )</td></tr>
<tr><td>G</td><td colspan="3">学校名
会社名 役職( )</td></tr>
<tr><td>H</td><td colspan="3">お買求め 1.〔 〕新聞の広告 2. 雑誌〔 〕の広告 3. その他の広告〔 〕 4. 書店店頭 5. 人にすすめられて 6. その他〔 〕</td></tr>
<tr><td>I</td><td>ご購入書店 市 書店</td><td>J</td><td>購入日 月 日</td></tr>
</table>

●ご愛読者カード

言葉相 ことばそう

現代書林の本をご購読賜り、誠にありがとうございました。弊社の今後の出版企画の参考とさせていただくため、下記の質問にお答えください。また、本「ご愛読者カード」を参考資料として著者に提供してもよろしいでしょうか。

□ 承諾する

K

●本書をお読みになったご意見・ご感想

※あなたのご意見・ご感想を新聞、雑誌広告や小社あるいは著者のHP、メールマガジンなどで……

1 掲載してよい　　2 掲載しては困る　　3 匿名ならよい

L

●ご購読新聞名・雑誌名

新聞　　雑誌

M

●今後出版を希望される本(テーマや分野など)

N

●今後、小社の新刊情報等の送付を希望されますか。(ご希望の方は、オモテ面にメールアドレスをご記入ください)

1 希望する　　2 希望しない

ご協力ありがとうございました。

また、「右脳型人間」というのは、新しもの好きで、「新記録」とか、「誰もやったことがない」という言葉には、特に敏感に反応する。

「えっ、これやったら・・新記録ですか!!」というような感じであり、ノリである。

では、逆の「左脳型人間」の「言葉の相」とは一体、どのようなものなのだろうか。その「言葉相」は次のとおり。

左脳型人間の言葉相

でも
だって
しかし
やっています
頑張ります

努力します
前例にありません
ツイてない
イマイチ
ってゆーか
当たり前
楽しくない
美味しくない（まずい）
難しい
無理
など

彼ら左脳型人間は常にツベコベ考え、ツベコベぬかす。そしてツベコベ考える。実はツベコベ考え出した答え、選択の大半は「ババ（はずれ）」なのだ。

過去に将棋の羽生善治名人のお話をお聞きしたことがある。棋士たちはたった一手に3

時間を有することがあるという。次の一手に3時間かけて考えるということだ。
しかし将棋の言葉にこのような言葉があるという。

「長考《ちょうこう》に好手《こうしゅ》なし」

「長考」とは「長く考える」こと、そして「好手」とは「良い手（勝ち手）」ということで、「長く考えた手で良いものはない」という意味である。

まさしく、**ツベコベ考えたものは、「ババ（はずれ）」**ということなのだ。

しかし、右脳で選んだ選択や答えの大半は「ビンゴ!!（大当たり）」。だから「左脳型人間」なのか、「右脳型人間」なのかで人生は大きく変わるのだ。

また人生のパートナーにしても、友人にしても、会社で採用をする従業員やパートにしても、「左脳型人間」とのご縁を持つことは考えた方がよいのだ。

◆人生を共にするのは「左脳型人間」か「右脳型人間」か

例えば旅に行くとしたならば、旅は「どこに行くのか」も重要ではあるが、一番重要なのは「誰と行くか」である。

では、「左脳型人間」と「エジプトに旅行をした」としよう。例えばあなたが、「左脳型の友人」に「ねえ!!　せっかくだから、明日・・ピラミッドでも登らない!!」と言ったとたん、「でも、暑いし・・」とか、「だって、体力ないし・・」などと言われたならば、あなたは「楽しい」だろうか。

では逆に、「右脳型の友人」に同じことを言ってみると、どうなるだろう。

「ねえ!!　せっかくだから、明日・・ピラミッドでも登らない!!」

右脳型人間の答えは大体こうだ。

「いいね!!　登ろう!!　登ろう!!　すっごい、楽しそう!!」

どうだろう、「左脳型人間」と共にする旅と「右脳型人間」とする旅。どちらが楽しいだろうか。

当然「右脳型人間」との旅の方がこの上なく楽しいはずだ。

◆人生という旅をどんな言葉相の人間と歩むのか

実は人生とは「旅」である。その長い人生という旅で、あなたはどのような言葉の相を吐くパートナーを選ぶのだろうか。

それより何より、あなたはどちらのタイプなのだろうか。ツベコベ考え、行動に移せない「左脳型人間」なのか、思ったら吉日の直感型ワクワク奇跡を起こす「右脳型人間」なのだろうか。

さて・・あなたは・・どちらなのだろうか・・
そして・・どちらになりたいのだろうか・・

当然、直感型ワクワク奇跡を起こす「右脳型人間」のはずだ。

では、どうすればその直感型ワクワク奇跡を起こす「右脳型人間」になれるのだろうか。

それは簡単だ。先程の「右脳型人間」が吐く言葉の相を吐くことだ。


「簡単!!」

「ちょろい!!」

「楽勝!!」

「うれしい!!」

「楽しい!!」

「幸せ!!」

「ラッキー!!」

「ツイてる!!（運が良い!!）」

「最高!!」

「感謝だね!!」

「すごい!!」

「うまい!!（美味しい!!）」


「しかし人間、しみついた言葉の癖、いいや心の癖はそう簡単には治せない」

そう思っている人はいないだろうか。

実は「左脳型人間」が、「右脳型人間」の言葉を無意識に吐いてしまう方法がある。

知りたいだろうか。

今の言葉を再度読み返してほしい。

私は今、「左脳型人間」が「右脳型人間」の言葉を「無意識に吐いてしまう方法がある」

と言ったのだ。

◆ワクワク奇跡を起こす右脳型人間になれるコツ

では、無意識に奇跡を起こす「右脳型人間」になれる方法、コツについてお話させて頂こう。

それは、「右脳型人間」の吐く言葉相を「ついつい吐いてしまう環境」をつくることなのだ。

例えば、読者に「暑い」と言わせたければ、部屋の温度を40℃ぐらいに上げると、読者は「暑いと言え!!」と言われなくても、「暑い、暑い」と言うはずだ。

逆に、読者に「寒い、寒い」と言わせたければ、部屋の温度を5℃くらいに設定すると、読者はよほどの体質でない限り「寒い、寒い」と言うはずだ。

実は、「言葉の相」は「環境」で変わる。環境を変えず「言葉だけ変えなさい」と私は言わない。寒くもない人間に「寒いと言え」と言っているのと同じことだ。

心にしみついた「言葉の相」を変えるのは、「困難」だと私は知っている。

私の提案は、知らないうちに「言葉の相」が変わる環境をつくることだ。

では、どのような環境にすると、あの奇跡を起こす「右脳型人間」の言葉を吐くようになっていくのだろうか。

ぜひ、あなたの職場環境、家庭環境をこのように変えてみて頂きたい。

◆右脳型人間の言葉相が出てくる環境とは何か

では、右脳型人間が吐く言葉相が出てくる環境とはどのような環境なのかを説明させて頂こう。

●楽しい環境

とにかく楽しい家庭環境、楽しい職場環境をつくってほしい。どうだろうか。読者のご家庭、職場環境は、「楽しい環境」だろうか。

もし読者の職場環境が楽しい職場環境でなければ、その職場では奇跡的な成果を望むことは諦めた方がいい。また読者の家庭環境が楽しい家庭環境でなければ、奇跡を起こすような人財をその家庭から育てることは「困難」であろう。

正直楽しくない環境で「右脳型の言葉」などが出るだろうか。家庭であれ、職場であれ、叱られたり、罵声を浴びせられたり、言いたいことも言えないような環境であれば、「簡単」「ちょろい」「うれしい」「楽しい」なんて言葉は出るはずがないのだ。

というか、「簡単」「ちょろい」「うれしい」「楽しい」などと口に出すと、とたんに怒鳴られたり、怒られたりする環境だってあるはずだ。

はっきり言おう。

人間の能力は「楽しくなければ開花はしない」のだ。子どもや従業員は、自分たちの力で家庭や職場の環境を変えることはできない。だから環境を支配できる人間（親、上司、経営者）には大きな責任があるのだ。

●リラックスできる環境

読者の職場環境、家庭環境はリラックスのできる職場環境やリラックスのできる家庭環境だろうか。

私の家庭環境はとにかく楽しい。まるで毎日が修学旅行のようである。また家庭は十分リラックスできる環境でもある。だから我が家では先程の左脳型人間の吐く言葉をほぼ聞いたことはない。

私の職場環境も「楽しく」、「リラックス」できる環境を整えている。仕事は私服。私を含め従業員全員スリッパで仕事をしている。職場で音楽をかけるのも許可している。朝礼と終礼では毎日同じことを責任者に言って頂いている。その言葉相は「今日も楽しくしましょう!!」「明日も楽しく仕事をしましょう!!」だ。

まず、ご自分の家庭環境や職場環境を楽しく、リラックスできるよう、「どうすればいいのか」を考えてみてほしい。

必ず家族や従業員の顔は変わり、成果は目まぐるしく上がってくるはずだ。

◆良い言葉相が出る環境はすべてが大好転

私が過去、経営を始めた時は、まさしく職場も家庭も緊張と罵声の坩堝《るつぼ》だった。これは経営の恐怖からくるものだった。

厳しすぎる職場や家庭には、恐らく「こうするべき論」や、「こうあるべき論」があり、「甘やかしてはいけない」「厳しくしないといけない」というような間違った考えや価値観を責任者や親たちが持っているはずだ。

確かに従業員も子どもたちも甘やかしてはいけない。しかし、それは「やってはいけないことを行った時」、その時のみに厳しくすればいいことであり、常に厳しくする必要はないのだ。

「厳しく、緊張」、この家庭環境や職場環境で育った子どもたちや、従業員たちは「普通」か「それ以下」の人生で終わるだろう。会社は当然、大きくなるはずはない。

思い切って「右脳型人間」が育つ「楽しく、リラックスの環境」を家庭や職場で築いてほしい。

くどいようだが楽しくラクに成果が上がってくる。職場環境を変えることから私の場合は従業員と月に一度しか顔を合わせなくなったのにもかかわらず、年商が3億、5億、7億、12億と上がっていったのだ。

私と妻は昔から全国を飛び回っていたが、3人の子どもたちは不登校など一度もなく、まともに勉強もしないのに公立の高校へ無事全員入学を果たした。

しかし、実はこの「楽しく」「リラックス」の環境づくりには、一つ気を付けなくてはならないことがある。それを次でお話させて頂こう。

◆ダラダラが人も会社も家庭もダメにする

実は職場環境も家庭環境も「楽しく」「リラックス」にすると、時間や行儀、礼儀礼節などがルーズになり始める。行動が遅くなったりダラダラしたり。ここで大切なのが「スピード」なのだ。

「右脳型人間」を育てる環境は3つ。「楽しく」「リラックス」、そして最後は「スピード」なのだ。

「スピード」の逆、「ダラダラ」がなぜいけないのか、なぜ問題なのかについてお話をさせて頂こう。

実は私たちが最も右脳型ではなく、左脳型となる環境が「ダラダラ」なのだ。

考えてみてほしい。人間はダラダラしている時、「良いこと」を考えられるだろうか。もっとわかりやすく説明させて頂こう。

例えば職場の使い込みや、不倫、不正は、「忙しい職場」より「暇な職場」の方が多いのだ。「暇」は人に「魔」をもたらせる。そして腐らせる。だからダラダラな環境こそが最も人を腐らせる環境なのだ。

◆大切な判断こそ即決せよ

先程もお話をさせて頂いたが、ゆっくり考えると「左脳」が働く。そして「左脳」は常にツベコベ考え、その選択の多くは「ババ（はずれ）」だ。

しかし、直感、スピードで決めたことは「右脳」が決めたことであり、奇跡をもたらす「答え（当たり）」なのだ。

わかりやすく言うと、結婚相手や就職先などを決める場合、大半の人間は「大切なことなのでゆっくり考えて・・」などと寝ぼけたことを言うが、これほど恐ろしい判断をしてしまうことはない。

結婚相手、就職といった大切なことこそ、とっとと「右脳（スピード）で決める」ことだ。その答えは必ずあなたに運と奇跡をもたらす。

◆私の体験　就職編

ここで私の経験、体験を話させて頂こう。

私は高校を卒業し、地元の建築会社に設計士として就職をした。紙と鉛筆、定規を相手に先生と言われ、ラクな仕事ではあったのだが、人と話すことができず（特に若い女性、年長者）、もっと人と関わり、まともにコミュニケーションがとれる人間になりたいと思い、その職場を退職した。

そして先程話した人たちのように、「大切な職はゆっくり探そう」と実家でダラダラしていた。

しかし、すぐに母の様子がおかしいことに気が付いたのだ。女手一つで私と弟を育ててくれた母、その母が私と口をきかない。

私は不思議に思って母に尋ねた。

「お母さん・・なんでこのごろ、口をきいてくれないの・・」

母の答えはこうだった。

「恥ずかしい・・」

私は一瞬聞き返した。

「えっ」

母は私に続けて言った。

「二十歳を超えた男が働きもせず・・家に居てもらうのは・・恥ずかしい・・」

私は気付いた。

「あ・・俺は・・恥ずかしい人間なんだ・・」と。

「一生もの」と考えていた就職先、「ゆっくり決めよう」と考えていたが、私はすぐにどこでもよいので「働こう!!」と決め、半ば「どうでもよい!!　働ければ・・」と、ある会社にその会社の内容もよくわからないまま就職をした。そして今の妻とその職場で出会うことになる。

その会社では、本当に様々な経験をさせて頂いた。その会社のおかげでまさしく今の私があると言っても過言ではないのだ。

実は当時の私にはコネがあり、花形の職業だった添乗員か、百貨店に就職をしようと思っていた。

しかし、今では添乗員は派遣や契約社員が行うようになり、地元で就職をしようと考えていた百貨店は数年前に地元から撤退をした。

恐らく私が添乗員や百貨店の従業員に就職をしていたならば、後々私はリストラなどの対象になっていたのではないだろうか。

やはり、大切なことは「とっと決める」ことだ。このことに関しても母には本当に心から感謝である。

あの時、母が「ゆっくり探しなさい」と言っていれば、私の人生は大きく変わっていただろう。

それも決して「良く」ではない方向にだ。

◆私の体験　結婚編

結婚もそうだった。妻と2年ほど付き合い、半同棲をしていたころも優柔不断な私はなかなか結婚の決断ができなかった。

そんなある年の正月、妻の家に呼ばれた。要は招集だ。

私は初めて会う妻のお父さんを目の前に緊張で話ができなかった。お父さんも同じ心境だっただろう。

妻のお父さんは私にこう言った。

「どんな気持ちで付き合っているんだ・・!?」

突然の究極の質問だ。「まぁ、軽い気持ちで・・」なんて口が裂けても言えない。

私はとっさに言った。

「結婚を前提に・・」

そうすると続けてお父さんがこう言った。

「いつごろだ・・!?」

私は結婚なんて考えてはいなかった。しかし、またとっさに言葉が出た。

「来年の・・3月ぐらいには・・」

実は、このとおりになってしまったのだ。

しかし後悔などはしていない。今の妻には本当に心から感謝をしているし、彼女と結婚をして本当に良かったと思っている。

これがツベコベと考えていたら、恐らく今の妻との縁も無かったのだろう。

◆右脳型人間の育つ環境

右脳型人間、奇跡を起こす人間を輩出する家庭環境、職場環境はズバリ!!、「楽しく!!」「リラックス!!」、そして最後が「スピード!!」だ。

この「3つの条件」で職場や家庭環境を築いてみてほしい。


今あげたような「楽しく」「リラックス」「スピード」というような奇跡を起こす人財が育つ職場環境や家庭環境は、その環境を変えることができる人間、家庭で言えばやはり父親であり母親、そして職場環境であれば経営者が、「楽しく、リラックス、スピード」の環境の逆、「辛く、苦しく、緊張でダラダラ」という環境がいかに自分や子どもたち、従業員たちの奇跡の芽を絶ち、「千害あって一利なし」ということを自覚することが重要である。

しかも**辛く、苦しく、緊張でダラダラ・・このような環境の中の親や経営者は、間違いなく「嫌われている」**。子どもたちや従業員たちから嫌われるのが「本望」なのであればそれを続ければいい。中には厳しくして嫌われることが親や経営者、責任者だと思っている人間も少なくはない。

実はそれが過去の「私」だったのだ。

30歳で起業し、経営の恐怖から日々売り上げを追い、夜中まで会議を行った。「売れるまで帰ってくるな!!」「マイナスの補てんを考えずに会議に出るな!!」などと朝から晩まで従業員を怒鳴り散らしていた。

店舗まわりに行っても、パートたちに「商品に埃がかぶっている!!」「賞味期限が切れそうな商品が棚に載っている!!」などと常に重箱の隅をつつくようなことを行っていた。

そんな時、私はあることに気が付いた。その私の会社では毎年年末には忘年会を行っていたのだが、私の周りに社員もパートも座らないのだ。遠くの席から埋まり始め、時間ぎりぎりに到着した人間が、私の前に顔を引きつらせ座った。

この時、私は気が付いたのだ。

「あっ、彼らは私が怖いのではなく・・嫌いなのだ・・」

私は自分に自答した。

「幸せになるために独立したのに・・これで本当に幸せなのか・・?」

「自分はこんなに皆から嫌われる人間だったのか・・?」

「いいや・・自分は、もっといい奴だ・・」

会社の業績は、先にも述べたように好成績だった。

しかし、**「何かが違う・・」「何か間違っている・・」と気付いた**のだった。

実際、この本を読まれている読者の中にもいらっしゃるのではないだろうか。従業員や部下を想い、愛する子どもたちを想い、ついつい厳しく接し、嫌われている人間が。

ここで一言付け加えさせて頂きたいことがある。決して従業員や部下、子どもたちを「甘やかせ」と言っているのではない。厳しくしないといけない時は厳しくしなければならない。しかし常に厳しくする必要はないのだ。

◆私が実践した家庭環境・職場環境を築く方法

私事で恐縮であるが、少しだけ楽しくリラックスできてスピードのある家庭環境、職場環境を築く方法をお話させて頂く。

●家庭

まず、私の家庭では子どもたちを小さい時からよく褒めた。しかし、それは何か褒められて当然のことがあった時ではない。例えば「テストで高得点を取った時」などではなかったのだ。

私の家庭では、子どもたちが学校へ行く前、必ずと言ってよいほど、こう褒めた（こう言葉相をかけた）。

「〇〇（子どもの名前）のこと大好きだよ!!」

そして、**「学校楽しんできてね!!」**と。

決して「しっかり勉強をしてきなさい」などとは一度も言った覚えはない。

長男は今、成人をし、働いているが、実はいまだに**「仕事を楽しんでおいでよ!!」**と送り出している。

また一つ言いたいことがある。食事中にテレビを見ることは絶対にお勧めしない。

食事中は「食べることに集中すること」と、家族とのコミュニケーションをとる大切な時間である。それが、くだらないお笑い番組、中には大切で重要と思われている方も少なくはないだろうが、野球の試合などでその大切な時間が失われる。

自信を持って言いたいことがある。**食事中にテレビを見る家庭でまともな家庭を築くことはできない。**今は録画の機能が発達している。食事の後にゆっくりご覧になられてもよいのではないだろうか。

奇跡を起こす有能な人財を家庭で育てたいのであれば、まず食事中のテレビは切ってほしい。

食事中にテレビを見ることに私が反対をしているのは、そのことから家庭が「ダラダラへ」と導かれる可能性があるからだ。テレビもよいが、流行りの音楽や癒しの音楽などを聴きながら、今日あった出来事を話しながら食事をするのも結構楽しく、そのうち「テレビなど見ない方がよい」と、食事中だけではなく、普段からテレビを見る頻度が下がり、周囲の家庭と比べて信じられないほどテレビと縁のない家庭となる。

最後に、家庭を規律よくダラダラへと導かないようにする我が家の決まりをご紹介させて頂く。

①トイレのふたは閉める。
②靴は揃える。
③子どもには必ず最低一つ家庭の仕事を任せる（トイレ掃除、洗濯、掃除、食器洗いなど）。
④お小遣いは両手で受け取らせて「ありがとうございます」と言わせる。
⑤食事の前には必ず祈りを捧げさせる。「頂きます」。

●職場

先程も述べたが、私は会社設立当初、経営の恐怖から従業員たちを怒鳴り罵った。しかしそれでは未来などはなく、奇跡的な業績も見込めないことを私は自覚した。

夜中の会議は一切行わず、すべて昼の会議にし、会議中はおやつや飲み物を会議のけじめのついたところでみんなでつまむようにした。職場には心地良いBGMを流し、業績の良くない時こそ何より先に整理整頓、清掃をさせた。

これは整理のされていない雑然とした職場では決して楽しく、リラックスして働くことはできないからだ。朝礼や終礼で私は長々偉そうなことを言うのを一切やめ、毎日同じことだけを言い続けた。

朝礼の場合は、こう言っている。

「今日も・・楽しくしましょう!!」

そして終礼の時はこう短く話した。

「明日も・・楽しく仕事をしましょう!!」

また楽しく仕事を行ってもらうため、月に一度、従業員全体が集まって総会を行った。

私は彼らに会社の過去、今、未来を話し、様々なところで学ばせて頂いた知恵などをその総会で皆に伝えた。総会後は必ず懇親会を行った。

私の体験からここで自信を持って言えることがある。

それは**「辛く」「苦しく」「厳しい」環境より、「楽しく」「リラックス」できて、「スピード」のある環境の方が絶対に様々な成果が得られる**ということだ。

あなたはどちらを選ぶだろうか。「辛く」「苦しく」「ダラダラ」で成果が出ず、「嫌われる」方と、「楽しく」「リラックス」「スピード」で奇跡的な成果が得られ、皆から「尊敬され好かれる」方を。

◆中途半端な言葉が中途半端な人生を築く

ここで読者に特に気を付けてほしい「言葉相」についてお話をさせて頂く。

「ツイてない、愚痴、泣き言、不平、不安、悪口、文句、許せない」などという「言葉相」

を口にしない方がよいことは読者も承知のはず。

しかし、多くの人間が自覚なく、というか逆に「良い」と思って吐いている「言葉相」が人生を台無しにしていることをご存知だろうか。

その「言葉相」を私はこう言っている。

「中途半端語」

さて、その「中途半端語」とは一体、どのようなものなのか、説明をさせて頂こう。「中途半端語」とは次のとおり。

「まあまあです」
「そこそこです」
「頑張っています」
「頑張ります」

「ぼちぼちです」
「一応やっています」
「一応やります」
「○○したいと思っています」
「○○のつもりです」
など

どうだろう。まさしく中途半端。この「中途半端語」、実は「別名」もある。「逃げ言葉」。またの名を「ごまかし言葉」と言う。

このような言葉が蔓延している会社は2000%業績が良くないはずだ。もっと言うと、「未来」は2000%「ない・・」。その理由はみんなが「中途半端」で、「逃げ」で、「ごまかし」ているからだ。

「頑張ります」や「頑張っています」という言葉は「良い言葉」と捉えられがちだが、最高のごまかし言葉だ。給料をもらっているのだから頑張るのは「当たり前」のこと。当たり前のことを言ってはいけないのだ。

「君・・調子はどうだい・・」と上司に聞かれ、「はい、頑張っています」という人間は「はい、呼吸をしています」と言っているのと同じなのだ。


人生には車のハンドルのように「あそび」が必要なのはわかる。しかしそのハンドルの「あそび」がありすぎるのはどうだろう。「良くない」に決まっている。

この「中途半端語」をそこそこ使うのはよいだろう。しかし使いすぎはどうだろう。人生は、望む人生から大きく道をそれ、望む人生と程遠い人生を歩むことになるのだ。


何度も言うが、人生は「バランス」だ。

仕事柄多くの人間と出会い言葉を交わすが、この「中途半端語」を「中途半端」どころではなく使う人間は少なくない。自分の人生をしっかり歩みたいのであれば、この言葉の「あそび」、「中途半端語」を多発しないことだ。

◆感謝体質となって強運となる就寝前の言葉相

「人生の98％は運である」と何度もお話をさせて頂いているが、では具体的に運を良くするにはどうすればよいのかをご紹介させて頂こう。

実は「運」は「感謝」の量に比例して「強く」なる。人間は二つのタイプに分かれる。一つは「不満思考タイプ」。もう一つは「感謝思考タイプ」だ。

感謝の反対語は「当たり前」である。実は運の悪い人間たちはすべてにおいて「当たり前」という感覚が強い。そして「不満思考」となる。

仕事があって当たり前。
給料を頂いて当たり前。
家に帰ると夕食があって当たり前。

実は「不満思考タイプ」の人間は、**世の中に「当たり前」ということは、実は「何一つない」ということを知っていない**のだ。この世の中には「当たり前」というものは「何一つない」ということを心から実感できるようにするノウハウがある。それは就寝前の祈りなのだ。その就寝前に布団の中でこのような言葉相を吐いてほしい。

裸でない。
雨風をしのげた。
飢えていない。
仕事もあった。
家族全員無事だった。
きれいな水が飲めた。
太陽の下を堂々と歩けた。
ありがとうございます。

今あげたことに対して、中には当たり前だろうと思う人がいるはずだ。

しかし、これは当たり前のことではない。

私が沖縄のひめゆり平和祈念資料館にお邪魔した時、資料館の最後・・私は衝撃的な言葉と出会った

太陽の下で・・
大手を振って・・
歩きたい・・

水が飲みたい、水、水・・

お母さん・・
お母さん・・

第二次世界大戦の末期、沖縄では地上戦が始まり、たくさんの若き兵士や民間人と共に10代の少女たちが亡くなった。彼女たちは暗い壕に身を隠していた。壕を出れば吹っ飛ばされるため、壕を出ることができなかった。壕の中で彼女たちが飲む水は負傷した兵士の血液や糞尿が混じった水だった。そして多くの少女たちは愛する家族との再会を果たすことができなかったのだ。

どうだろう。あなたは太陽の下を歩いても砲弾に木端微塵にされることはない。きれいな水をお腹いっぱい飲めるだろう。そして家族と楽しい夕食もとっているはずだ。

実はそのようなことが**「当たり前」となった時、あなたの「運」は弱くなっていく。当たり前どころか「不平不満」となれば、あなたは完璧に「凶運」となる**のだ。

寝る前、自分の幸運を祈ってほしい。そして感謝の念を持ってほしい。あなたの運は必ず強くなる。

裸でない。
雨風をしのげた。
飢えていない。
仕事もあった。
家族全員無事だった。
きれいな水が飲めた。
太陽の下を堂々と歩けた。
ありがとうございます。

◆この世には男と女しかいない

人生の大きな悩みの中に男と女が「わかり合えない」というものがある。

正直に言う。**男と女は「死ぬまでわかり合えない」ということを一日でも早く「解る」**

ことだ。所詮男と女は犬と猫程の違いがある。犬と猫がわかり合えると思うだろうか。このことに早く気付かなければ、家庭や職場でのストレスが募るばかりである。

男性は理論で理解し、女性は感情で理解をする。

例えば、女性を叱る時は冷静に叱らなくてはならないのだ。女性を怒鳴れば女性は自分の犯したミスを棚に上げ、ミスの内容より「怒鳴られたこと」に対して怒りが込み上げ、反省をするどころか恨まれることもあるのだ。

もし人生を楽しみたいのであれば、女性は男性の特性を、男性は女性の特性を早く悟ることだ。

このことは次に執筆予定の『必ず儲かる妻投資（仮題）』でたっぷりお話をさせて頂く。

◆勇気を与える男と女の励まし方

不細工な男でもモテる男はいる。そして付き合う男をどんどん上げていく女もいれば、付き合う男たちをどんどん下げていく女もいる。

ここでは男女の励まし方、慰め方、勇気を与える言葉相をご紹介しよう。

男に励まし、慰め、勇気を与える言葉相

「そんなに気にしなくたっていいんじゃない」

「大したことないわよ」

「こんなこともあるわよ」

「何とかなるわよ」

「あなたなら絶対にできるよ」

「あなたならやれるわよ」

女に励まし、慰め、勇気を与える言葉相

「わかるよ」
「辛かったね」
「それは大変だね」
「そういう経験、僕（私）にもあるよ」
「きみの言うとおりだよ」
「よく頑張ったね」

女性の労を労《ねぎら》い、かけてあげて喜ぶ言葉相

「ごめんね・・苦労かけて・・」
※この言葉相は職場の女性や奥様に本当に効く、強烈な魔法の言葉である。

この「言葉相」を上手に活用し、男女共に職場や家庭で異性を活かしてあげて頂きたい。

◆必ず成功する言葉相

突然だが、あなたはあなたが「死ぬ」ということを「知っている」だろうか。

「何をバカなことを!! 知っているに決まっているじゃないか!!」と、多くの人はきっと思うだろう。

しかし、「今」この人生が終わってもおかしくはないと「真」から自分の命の儚さを知っている人間は多くはない。


大体の人間はこうだ。

「自分もいつかは死ぬが・・、それは5年後、10年後・・、いやもっと先だろう・・」

しかし、どんなに若くても「今」死んでもおかしくはないのだ。

人間はすべての人間が大きな可能性を持ち、生まれてくる。

しかし、成功する人とそうではない人に分かれるのはなぜなのだろうか。その答えは簡単である。

成功する人間は努力をする。しかし成功しない人間は努力をしないのだ。

では、なぜ努力をする人間と努力をしない人間に分かれるのだろうか。その答えも簡単である。

努力をする人間は「志」を持ち、努力をしない人間は「志」を持っていないのだ。ただそれだけの「差」、それだけの「差」なのだ。

志を持つ人間は努力をしてしまう。努力をするから成功をする。

皆さんご存知の明治維新の志士、坂本龍馬はどのような努力を行っただろう。少し考えただけでも、私たちの想像を超える努力を行っている。

では、坂本龍馬があれほどまでの努力を行えたのは、なぜなのだろうか。答えは簡単だ。

「志」。これだけなのだ。

では、なぜ人間は「志」を持つ人間と、「志」を持たない人間に分かれてしまうのだろうか。それは**「人の命は儚い」「今、命がなくなってもおかしくはない」と心からその事実、現実を知っている人間と、「明日も、明後日も・・、下手をすれば来年も、10年、20年後も・・生きている」と漠然と盲信している人間との差**なのだ。

事故、事件、病気、災害……、私たちはいつこの命を失ってもおかしくはないのだ。いいや、「今」、この命を失ってもおかしくはないのだ。

心から自分の成功を望む人間は、次の言葉相を吐いてみてほしい。

成功をもたらす言葉相

「死は・・必ず訪れる・・」
「それは・・今かもしれない・・」

さらに成功を望む人間は食前に手を合わせ、この言葉相（祈り・誓い）を捧げてみてはどうだろうか。

「食べ物の命を頂いて生きている以上、いつ自分の命を捧げてもよい覚悟で生きます」「頂きます・・」

◆凶器な言葉を吐く女性たちへ

私は北海道の余市という超一流の大自然のあふれる町で、全国から集まった女性たちと8日間コンドミニアムに合宿し、「身も心も魂の運命も美しくなる」という研修（8デイズシンデレラプロジェクト）を行っていた。

2日間は美しい歩き方をその道のスペシャリストに教えて頂き、次の2日間は一人ひとりの似合う色を見つけ出し、その似合う色で自分の顔にメイクを施す。

最後の2日間では全国区のカリスマ美容師の先生に彼女たちのカットやカラー、パーマなどの施術を行ってもらう。

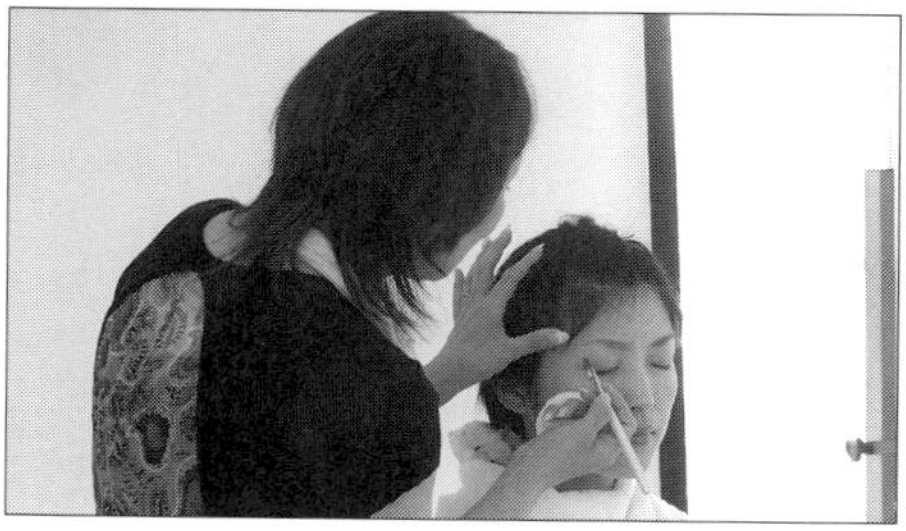

この間の食事は5日間が「ファスティング（断食）」。しかし「断食」と言っても「水だけを飲む」という「きついもの」ではなく、ファスティング専用のドリンクを使用した美味しく、楽しい断食を行い、残りの食事はマドンナやトム・クルーズが行っていると言われている「マクロビオティック食」を食べて頂き、体質の改善までさせて頂く。

私はこの時、女性たちと8日間、ほぼ時間を共にするのだが、とても気になることがある。それはたまに乱れた「言葉相」を吐く受講生がいることだ。

いろいろな問題や悩みを抱え、この研修には多くの女性たちが参加するのだが、中に「言葉の相」がかなり乱れきっている女性が参加をする。

残念ながらこの8日間では「言葉」までツベコベ教えることができない。私が気になった言葉は以下のとおりだ。

「やべー」
「腹減った」
「うまっ」（美味しいということ）
「マズっ」（まずい）
「だるっ」（だるいということ）
「疲れる」
「ねみー」（眠いということ）
「ヤバっ」（やばい）
「クサっ」（臭い）
「ウザっ」（うざい）

実はこのような言葉の相を吐いていたのは、若い10代や20代の子ではないのだ。

そしてこのような破壊的な言葉を「かっこいい」と思って吐いているのか、「照れ隠し」などで吐いているのかどうなのかはわからないが、共通して言えることは、このような言葉相を吐く人にはどこか心に闇がある。

一つ覚えておいてほしいことがある。言葉が乱れている人間は、必ず心も人生も乱れている。人生が乱れ、言葉が乱れたのか。それとも言葉が乱れて人生が乱れたのか。

もうここまでこの本を読んで頂いた読者であれば言うまでもないだろう。

当然、**言葉の乱れが心の乱れを起こし、人生の乱れを起こしている。**先程のような言葉は決してかっこ良くもなく、照れ隠しにもならない。言葉から出る「凶器」そのものだ。

私にはこの一つ一つの言葉が耳に刺さるのだ。

「乱れた言葉を正してほしい」とか、「乱れた言葉を直しなさい」と私は言わない。しかし覚えておいてほしいことがある。

乱れた言葉相を吐く女性に、２０００％幸せな人生が訪れることはないだろう。**それはその「乱れた言葉相」を吐くことで、周りの人間が不快となり、傷がつくからだ。**

実はこの世には、「生き地獄」も、「生き天国」もある。

しかし、その「生き地獄」と「生き天国」とは、すべて**自らが築き、自らで行く**のだ。

自分が「不幸」と思ったならば、それはすべて自分で築き、自分でその不幸に向かったのだ。誰のせいでも何のせいでもないのだ。

すべては自分の吐く「言葉相のせい」なのだ。


「自分の不幸を嘆くべからず・・すべては己の言葉が招いたことなのだ」

◆あなたを幸せに導く最強の言葉相

さて最後に、とても貴重な話をさせて頂きたい。

私は30歳の時に独立をしたが、その時に、それを実行するのかどうなのかを考えた。ましてや母の住んでいる家を担保にして金を借りている。

なので、真剣にこう考えた。

「果たして・・自分がここまでやろうとしているこの仕事を・・本当に・・自分はやりたいのだろうか・・」

そのことを考えていると、気が付けば夜が明けていたのだ。しかしその時、私は大きな気付きを得た。

私が神の存在を実感するのは、真剣に生きていると、このようなことが必ず起こるからなのだ。

「あ・・そうか・・」

「おれは・・何をするとか・・何がしたいのか・・と・・考えていたが・・」

「本当は俺は・・何になりたいではなく・・」
「しっ・・しあわせに・・なりたいんだ・・」

どうやら私たちは全員、「幸せになるために生まれてきた」ようだ。
しかし、「幸せ」とは程遠い生き方をしている人は少なくはない。その理由を最近出向いたベトナムのリゾートホテルでまた気付いたのだ。

私はホテルのプールでひと泳ぎし、サウナに入り、冷たいシャワーをしばらく浴びていた。その時、気付いたのだ。

幸せになれない人たちは、自分が「何のために生まれてきたのか」という、その答えを忘れている。だから幸せになれないのだ。

思い出してほしい。**私もあなたも、この世に生を受けたのは「幸せになるため」に生ま**

れてきたのだ。**そしてその大目標を成就させるには、「ある意志」が「絶対に必要」なのだが、残念ながら多くの人はその意志が弱い、いいや、「ない」**のだ。

ここであなたに質問をしたい。必ず幸せにする人を3人あげてみてほしい。一番幸せにする人は〇〇、次は〇〇、そして最後は〇〇と。とにかく3人だ。

絶対に幸せにする人1番	
幸せにする人2番	
幸せにする人3番	

さて、書けただろうか。この答えであなたのあなたを幸せにできるのかどうなのかがわかるのだ。

幸せにするの**１番に、「あなた」は「あなた」を書いただろうか。**

そうだ、世の中で幸せでない多くの人たちには、**自分を「本気で幸せにしよう」としている人間が「皆無だから」**なのだ。

ここで私はあなたに再度聞きたい。

「あなたは・・あなたを・・」

「本気で・・本気で・・」

「幸せにする気は・・あるだろうか・・!?」

あなたを幸せにできるのは、はっきり言う、

「あなただ・・」

「あなたしかいないのだ・・」

国でも、パートナーでも、親友でも、ご近所でも、勤める会社の経営者でもないのだ。

最後にあなたが幸せになる最高の魔法の言葉を贈る。
朝起きた時でも、夜寝る時でもいいから、毎日この言葉を吐いてみてほしい。
あなたは、必ずより幸せとなる。

わたしは・・わたしを・・
絶対に・・絶対に・・絶対に・・
より幸せに・・してみせる!!

おわりに――輝かしい未来へ

最後までお付き合い頂き、心から感謝申し上げたい。
言葉の大切さ、恐ろしさはご理解頂けただろうか。

私たちは「言葉使い」である。言葉を使い、ありとあらゆるものを手に入れ「自由自在な人生」を歩むこともできるのだ。

自覚してほしいことがある。私たちは本当に言葉を自由に使える国に住んでいる。世界には望む人生を口にすることも、望む夢を語ることもできない国もある。自由に言葉を吐くだけで投獄され、ひどい場合は殺害されるような国だってあるということを知ってほしい。

我々は自由に夢や希望が持て、その夢や希望を堂々と語れる日本という素晴らしい国に生きている。にもかかわらず、夢や希望を持たず、当然それを語れない人間の多さに、私は愕然とする。

私たち大人が子どもたちに見せるのは、夢や希望を持ち、それを語り、叶える姿だと私は信じている。ただ**「漠然と生きる」姿を子どもに見せることは、子どもたちへの「一番の害」**だと思っている。

人間にはたった2種類の生き方しかない。一つは、**「死んで生きる」**。そしてもう一つの生き方は**「生きて死ぬ」**。この二つだ。

最初の「死んで生きる」とは、夢や希望を持たず、ただ漠然と怠惰に生きる生き方。要するに「時の流れに身を任せ・・」というような生き方だ。

そしてもう一つの生き方である「生きて死ぬ」とは、夢や希望、志を持ち、「生きて、生きて、生き抜いて死ぬ」という生き方だ。

さて、最後に皆さんに一つ提案がある。それは**今あげた二つの生き方のどちらにするのかを「今」決めてほしい**のだ。

もうすでに「生きて死ぬ」というような生き方をされている方はよいが、「自分はどちらかというと、死んで生きているかな・・」という方で、「これではいけない・・」と思う方は、「今」決めることだ。

「俺は（私は）・・、生きて、生きて、生き切って・・死ぬ」と。

私は30歳で起業をするチャンスを頂き、稼いだお金と自由な時間で約20年、「人がどうすれば運が良くなるのか」を調べてきた。その理由は経営で最も大切なのが「運だ」と気付いたからだ。

しかし後々、**運は決して経営者だけに大切で必要なものではなく、「皆に大切で必要」ということに気付いた**のだ。

「言葉」も「運」を大きく左右させる。

私は経営を約20年させて頂いているが、資金繰りというもので右往左往をしたことがない。普通、経営者と言われる人たちは、その仕事の70%が「資金繰り」と聞いたことがある。しかし、私の場合は一度も資金繰りで苦労をしたことがないのだ。

営業もしていないのに売り上げは毎年上がり、「欲しい」と思う人財はそう思うと不思議とご縁ができる。年収も30代前半から2000万を切ったことはない。

明るく美人な奥さんとの間には素直な3人の子どもにも恵まれ、将来は月収2億を目指し、日々ワクワク生きている。

このような人生を歩めているのは、私が運について学び、運が良くなることを素直に実

践してきたからに違いないと思っている。だから今まで「運を良くする方法」を学び、実践し、本当に良かったと思っている。運を良くする方法はたくさんあるが、その中でも「言葉」、使う言葉でいくらでも運は悪くなり、良くもなる。

そして言葉にはもう一つの「福音」がある。それは「言葉」とは私たちの潜在意識を目覚めさせることができる「武器」のうちの一つということだ。しつこいようだが、この「二つの言葉相」を覚えてほしい。そして口に出し、実践をしてみてほしい。

「実力より運をつけよう!!」
「才能を磨く努力より、潜在意識を蹴飛ばす努力をしよう!!」

私は、今まで運を良くするために学ばせて頂いたものを毎日無料のメルマガで配信させて頂いている。

メルマガ「強運を科学する」

ＱＲコードを読み取り、ご登録ください。

現在、約２０００名の方々に、このメルマガで大きく人生が変わったと大変喜んで頂いている。

最初は20名から始まったこのメルマガだが、自然な口コミのみでここまで広がったのは、やはりこのメルマガの内容に威力があったからなのではないだろうか。

あなたの人生を大きく好転させる自信がある。

なぜならば、それは「人生の98%が『運』だから」なのだ。

このメルマガは毎日３６５日、雨の日も雪の日も晴れの日も盆も正月もクリスマスも関係なく朝7時に贈られる。

この本を読み終え、これで縁が疎遠となるのではなく、ぜひ今後も末永い良いご縁が持てれば幸いである。

私と一緒に言葉を使い・・
運を強くし・・
潜在意識を蹴飛ばし・・
人生を大いに楽しもうではないか・・

そして、多くの人たちにこの知恵を伝え、できれば愛する祖国日本のために・・大きな働きをもたらそうではないか・・

「狂人走不狂人走」

この言葉は、「世の中は、一人の狂人とも言える情熱を持った人間が走り出すと、世界もそれによって動かされていく」という意味だ。

決して・・

「自分一人が・・何ができよう・・」と思わないで頂きたい。

時代を動かしてきたのは・・

そして時代を動かすのは・・

その他大勢の大衆が吐く「言葉相」の人間ではなく・・

「あいつは、狂っている・・」と言われる言葉相を吐く人間たちによって時代は動かされてきた。

そうだ・・

たった一人のあなたでも・・

多くの人たち、世界中の人びとに・・

素晴らしい影響を与えることができるのだ。

その理由は・・

あなたはこの本を手にし・・

「言葉」という・・

「究極」の・・

「魔法」を「手に入れたから」なのだ・・

最後に・・

生きとし生けるものすべてと神仏に心から感謝申し上げる。

千葉修司

著者プロフィール

千葉修司（ちば・しゅうじ）

エクセルソウルホールディングス株式会社 代表取締役

1964年　北海道旭川市生まれ。
1994年　札幌にて某フランチャイズ6店舗を経営。
　　　　全国トップクラスの業績を残す。
2002年　東京にて起業。初年度より年商15億計上。
2004年　東久邇宮記念賞受賞。
2005年　年商200億企業の役員に就任。
2007年　自らのオーナー会社に毎月約800万の赤字会社を吸収。自動的に人が育ち、自動的に売り上げが上がる「オートマチック経営」を導入。即、黒字化に成功。
2010年　「オートマチック経営」を全国の企業に導入するため、チアリードエンジェル株式会社を設立。
2013年　強運となる商品とサービスを提供するゲットラックカンパニー株式会社を設立。
2014年　処女作『言葉相』が発売3か月で2万部を突破。
2016年　エクセルソウルホールディングス株式会社を設立。
2017年　一般社団法人グレイトフルアカデミーを設立。
　　　　ニューヨーク講演を開催する。
2023年　Instagram開始半年で4万人フォロワー達成。

千葉修司Instagram

@SYUJICHIBA19

特典

人生を好転させる「言葉相」日めくり

最後に「31の魔法の言葉相」を贈らせて頂く。
この「言葉相」を切り取り、トイレなどに貼り、
その日その日の言葉相を吐いてみてほしい。
1年行ってもらえれば、大きく人生が好転しているはず。
3年行って頂ければ、普通の人生では決してないはずだ。

※点線で切り取って日めくりとしてご活用ください。

1日

自分の使命を知る言葉相

『自分の使命は何なのだろう・・』

人は使命を果たすために生まれてきた。
だから使命を果たす生き方をすると運は良くなり、人生が楽しくなる。
しかし多くの人間は使命を思い出さず、使命を果たすことができない。
まずは使命を知ろう。
使命を知ることができる言葉相。

2日

「人生とは何か」を知る言葉相

『人生はすべてを受け入れて感謝をする旅(修行)・・』


「人生」とは一体何だ。

「人生」とは「旅」だ。

「人生」とは「自分探しの旅」。

永く短い人生を楽しく終えることができる言葉相。

3日

辛いことが辛くなくなる言葉相

『艱難辛苦で珠となる』
『神よ、艱難辛苦、
七転八倒を我に与えたまえ』

人生には必ず良いことと悪いことが縄をよるように起こる。
しかし良いことは思い出であり、悪いことは財産だ。
艱難辛苦（かんなんしんく）とは、辛く、苦しく、大変な事。
艱難辛苦は私たちを磨き、完璧で美しい珠（たま）とする。

4日

得意を見つけられる言葉相

『良い返事‼　何にも挑戦‼』


多くの人間は「得意」を知らない。

「得意」を知る人間は「返事の良い人間」。

返事が良ければたくさんの依頼が集まり、そのたくさんの依頼事から、自分の「得意」と出会えるのだ。

5日

自分の中の神を起こす言葉相

自分の中には潜在意識という神が宿っている。
この神が目を覚ますと、人は想像を超えることを成す。
自分の中の神を目覚めさせる「己への3つの質問」の言葉相。

『あなたは・・何がしたい!?
それをどうしてしたい!?
それをどうやってやる!?』

6日

成果が上がる言葉相

『一番しなくてはならない努力・・それは、自分をやりたくさせる努力・・』


嫌々行う成果が1だとすると、納得して行う成果は1・6倍出るという。

しかし「嫌々」や「納得」ではなく、「やりたい」と自発的に行動をする人間は、嫌々事を成す人間の1・6の二乗（2・56）の成果が出るという。

人をやる気にすることは困難だ。しかし自分をやる気にすることは簡単だ。

あなたの成果を2・56倍に上げる言葉相。

7日

愚かさを知る言葉相

『愚か者とは、仕方なく行う者』
『愚か者とは、嫌々行う者である』

仕方なく行うことで成果が出せることはない。
しかし世の中、何にしても仕方なく物事を行う人間は少なくない。
時間の無駄とは、「仕方なく物事を行うこと」だ。
愚かさを知り、愚かに生きずに済む言葉相。

8日

人生をラクに生き、楽しく大きな成果を上げる言葉相

『ない才能を磨く努力より・・
必ず持っている潜在意識を
蹴飛ばそう!!』

才能とは、ある人間とない人間がいる。
ない才能を求め、探し続けるのはとても苦しい生き方だ。
最も素晴らしい才能とは、自分のない才能に気付く才能だ。
才能より素晴らしいものを手に入れる言葉相。

9日

賢者へとなる言葉相

生まれもっての「人の差」などはない。

ただあるのは、受けた「質の良い学び」の差だけだ。

「質の良い根（根本）の学び」＝哲学、道徳、倫理、原理原則などをしっかり学ぶことが人生の大きな差となる。


『「私は知っていない」と知り、常に学ぶ人間を「賢者」という・・』

『常に学び続ける「賢者」を「無知の知の人」という・・』

10日

超一流になれる言葉相

『2千時間の三流、
5千時間の二流、
1万時間の超一流』

人は何かに集中をする時間、かけた時間で、三流・・二流・・
超一流となる・・。
2千時間でアマチュアレベル。
5千時間で人に教えるレベル。
1万時間で超一流レベル。
さて・・何に1万時間を費やそう・・。

11日

「人生という名のゲーム」負けなしの言葉相

『何があっても・・怒れば負け!!』

人生とは「常に楽しく生きる」というルールのゲームだそうである。
そのゲームのルールは「怒れば負け」。
どんなことがあってもあなたの人生は・・怒れば「負け」なのだ。

12日

得をする言葉相

『よく笑い、よく笑わせよう!!』

「徳」とは人の心を明るく軽くしてあげる行為、行動。
「徳」を積む人は必ず「得」をする。
「徳」を積もう。

13日

怒らないコツの言葉相

『話を変えよう・・そうだよね・・
修行は続くよ・・・』

人生という名のゲームは、「怒れば負け」だ。
では、どうすれば「怒らず」に済むのだろう。
まず、話を変えて怒りのエネルギーの方向を変える。
「そうだよね」と納得していなくても一応合わせ、怒りの炎に油を注がない。
そして人生はすべてを受け入れて感謝をする修行。修行は死ぬまで続くのだ。

14日

運がどんどん良くなる言葉相

『あげる人生から・・いただく人生へ・・』

「〇〇してあげた」という人間は・・「あげてばかり」で運がなくなり、「〇〇させていただいた」という人間は・・「いただいてばかり」で運がどんどん良くなる。

「仕事をしてあげた」から「仕事をさせていただいた」へ。

「手伝ってあげた」から「手伝わせていただいた」へ。

語尾を変えることで人生は大きく変わる・・。

15日

運が良くなるお金の使い方の言葉相

『毎月、たった5%のご恩返し・・』

あなたはお世話になった方、なっている方へ、収入の5%ほどのお礼が毎月できるだろうか。

欧米の成功者は、成功する前から慈善団体や教会へ収入の数パーセントを寄付している。

お世話になっている人、お世話になった人へ・・「収入のたった5%のご恩返し」を考えてみよう。

16日

お金持ちになれる言葉相

『最高税率2千万円のご恩返し!!』

日本はお布施を自動的にしてくれる国。年収が2千万円を超えると・・国に納めさせて頂く税金はほぼ最高税率になるようだ。
だとしたならば、最高税率2千万を目指し、最高税率の税金を納め、祖国にご恩返しをしようではないか。

17日

人間にとって一番大切な言葉相

『人間にとって一番大切な事・・
それは、子を産み、育てること!!』

私たち人間にとって一番大切なことは・・「子孫繁栄」。
しかし、多くの人間はこの自覚がない。
これでは人生を大きく間違って生きてしまう可能性がある。
元気な子を産み・・元気に育てることこそ人間にとって最も
大切なこと・・。

18日

お金をつくることができる言葉相

『行動は情報となり、情報は知恵となり、知恵が金となる』


「お金」は「知恵」からできる。

そして、その「知恵」は「情報」からなる。

「情報」の量は「行動」の量に比例する。

「行動」をし、「情報」を得る・・そしてその「情報」を「知恵」に変えると・・、その「知恵」は「お金」となる・・

19日

人生すべての分母を知る言葉相

『健康はすべての分母・・』
『健康なくして何も成し得ない!!』

マイホームも、恋愛も、子育ても、仕事も、夢を叶えることも・・すべては健康なくして成就させることはない。
健康こそすべての分母と知ろう・・。

20日

商売繁盛の言葉相

商売はそんなに難しいものではない。
「難しいと思う人間」は・・次の言葉を・・無視をして商売をしているはずだ。

『誰を喜ばせる・・』
『何が喜ぶ・・』
『どうやって喜ばせる・・』

21日

大成する人のカギの言葉相

『人にバカにされるほどの
志を持つ!!』

大成する人は、そうでない人とは・・違う何かを持っている・・。

22日

魔除けの言葉相

覚悟をしない人生には・・いくらでも魔が寄ってくる・・。
魔を寄せ付けない言葉相。

『波乱万丈・・どんと来い‼』

23日

素直で自信あふれる子どもを育てる言葉相

人は認められ、愛されると・・自分を信じる力、自信がわく。
子どもに自信を与える言葉相。

『○○のこと・・
大大大好き・・だよ・・』

24日

自信をつける言葉相

『人生は・・自信過剰ぐらいで・・
ちょうどよい!!』

あなたは・・あなたのことと・・あなたの人生を信じている
だろうか・・。

25日

楽園で生きることができる言葉相

『実力より運をつけよう!!』

「実力の世界」は、辛く、苦しく、必ず負けるレッドオーシャン（血の海）。
しかし「運の世界」は、楽しくラクで必ず成果が出るブルーオーシャン（楽園）。
あなたはこれからも、実力の世界で生きますか。
それとも、運の世界で生きますか。

26日

異性と上手に生きていく言葉相

『所詮・・男と女は一生わからないと・・解ること』

男と女は犬と猫と同じくらい違う動物だ・・。
男女間の問題の根本は・・男女が「わかってほしい」「わかってくれる」と、無理な期待をするからだ・・。

27日

永遠の愛を築く言葉相

『「永遠の愛を築こう」と
思わない限り・・
「永遠の愛」などは・・ない』

「男女の永遠の愛」などはない。
「永遠の愛」を得られる言葉相。

28日

人生を謳歌できる言葉相

『生きて死ぬのか・・』
『それとも、死んで生きるのか・・』

人生には・・たった2通りの人生しかない・・。

29日

自分に力、勇気を与える言葉相

『あの純粋無垢な若者たちの覚悟を思うと・・この世で怖いことなど・・何一つない・・』

「無償の愛」を持つ者は強い。
私たちにとって一番大切なものとは・・「自分の命」。
「自分の命」を誰かのために捧げる覚悟をした者は、怖いものなどは何一つない。
戦争で亡くなった青年たちの気持ちを考えてみることだ。
今、自分に起こっていることは本当に辛く、苦しいことなのだろうか・・。

30日

成功する言葉相

成功する人と成功できない人とでは、一体何が違うのだろう・・。

『成功する人は、努力をする人・・』
『努力する人は、志のある人・・』
『志のある人は、「自分は死ぬ」と本当の意味でわかっている人・・』

31日

人生を大好転させる言葉相

『死は必ず訪れる・・』
『それは・・今かもしれない・・』

「他人の死」は「人生最大なる常識ごと」。
しかし「自分の死」は「人生最大なる非常識ごと」である。
この言葉の本質を知る者に・・「その他大勢」と同じ人生は
決してない。

言葉相 ことばそう

2014年 9 月 25 日　初版第 1 刷
2023年 12 月 25 日　　　第 8 刷

著　者 ―――――― 千葉修司《ちばしゅうじ》
発行者 ―――――― 松島一樹
発行所 ―――――― 現代書林
〒162-0053　東京都新宿区原町3-61　桂ビル
TEL／代表　03(3205)8384
振替00140-7-42905
http://www.gendaishorin.co.jp/
デザイン ―――――― 吉崎広明（ベルソグラフィック）
図　版 ―――――― 株式会社ウエイド

印刷・製本　広研印刷㈱
乱丁・落丁本はお取り替えいたします。

定価はカバーに
表示してあります。

ISBN978-4-7745-1481-9 C0030